始于文，忠于创
文化创意的术与道

田雅岚 著

中国戏剧出版社

图书在版编目（CIP）数据

始于文，忠于创：文化创意的术与道 / 田雅岚著. —— 北京：中国戏剧出版社，2023.3
ISBN 978-7-104-05274-6

Ⅰ. ①始… Ⅱ. ①田… Ⅲ. ①文化产业—研究—中国
Ⅳ. ① G124

中国版本图书馆 CIP 数据核字（2022）第 167702 号

始于文，忠于创
文化创意的术与道

责任编辑： 邢俊华
责任印制： 冯志强

出版发行：	中国戏剧出版社
出 版 人：	樊国宾
社　　址：	北京市西城区天宁寺前街 2 号国家音乐产业基地 L 座
邮　　编：	100055
网　　址：	www.theatrebook.cn
电　　话：	010-63385980（总编室）　010-63381560（发行部）
传　　真：	010-63381560

读者服务：010-63381560
邮购地址：北京市西城区天宁寺前街 2 号国家音乐产业基地 L 座

印　　刷：	天津和萱印刷有限公司
开　　本：	787mm×1092mm　1/16
印　　张：	11.75
字　　数：	205 千字
版　　次：	2023 年 3 月　北京第 1 版第 1 次印刷
书　　号：	ISBN 978-7-104-05274-6
定　　价：	72.00 元

版权专有，违者必究；如有质量问题，请与出版社联系调换。

前　言

文化创意（以下或简称"文创"）理念是在当代文化产业与创意经济蓬勃发展过程中形成的一种文化发展理念，基础在"文"，即文化；关键在"创"，即创新创造。党的十九大报告指出："健全现代文化产业体系和市场体系，创新生产经营机制，完善文化经济政策，培育新型文化业态。""文创＋"经济模式就是以文创理念为核心元素的一种文化发展业态，实质是将文化创意成果融合于经济领域，形成以文创理念为内生驱动力的产业发展模式。这一模式将对传统生产、营销、服务、消费带来影响。推动"文创＋"新型文化业态发展，需要形成和发展文化知识产权，要注重挖掘各类文化产品的核心情感元素、价值元素，将名称、形象、故事等形成具有知识产权性质的标识，并进行创造性转化与创新性发展，再转化成更广泛、更多样的商品，形成新型文化业态。应当看到，当代中国正日益走近世界舞台中央，加强中外人文交流，推进国际传播能力建设，必须提高国家文化软实力。这就要讲好中国故事，展现真实、立体、全面的中国。一方面，深入挖掘真实、立体、全面的中国形象，坚守中华文化立场，传承中华文化基因，展现中华审美风范；另一方面，准确把握不同民族、不同国家文化特点，开展故事化、情感化、视觉化的创意传播，创造出展现中华文化魅力的文化产品，让世界加深对中华文化的认识和理解。

未来，国与国之间的竞争在某种程度上就是创意的竞争。一种技术工艺可能在短时间内被他人模仿，唯一的取胜方法就是不断创新。全球化带来文化创意产业的国际分工和合作，跨国文化企业的生产规模已经出现。在当前社会，人们面临大量的产品选择，媒介作为人们生活中无孔不入的组成部分，正在以难以想象的力量构建人们的生活，也是文化创意产业中的重要组成部分。媒介是文化创意产业发展壮大的重要载体，而文化创意产业是媒介传播的重要内容，两者是形式和内容的关系。创意与媒介像是数学中的交集，很大程度上是包含和被包含的关系，两者必然交互为用，你中有我，我中有你。

重视文化创意产业与媒介的关系，有利于社会经济和文明发展，有利于提高国家综合国力。由此，笔者撰写《始于文，忠于创：文化创意的术与道》一书。

本书内容分为四章：第一章介绍文创的起源，在此基础上对文创产业、文创产品的概念进行释义，最后介绍文创产业与文创产品的发展现状与发展趋势。第二章"始于文——文创之道"，主要对文创思维的底层逻辑——文化、文化的地域性与本土性、文化的保护与传承、文化基因的挖掘进行详细叙述。第三章"忠于创——文创之术"，从创意、角色创意、交互、跨界融合四个角度，对文创产品进行详细叙述。第四章主要介绍网络文学、文博机构、创意城市、乡村文旅互联网协议地址（IP）的打造与运营。

本书在撰写过程中，参考和借鉴了国内外专家和学者在文化产业、文化创意、产品设计等方面的研究成果，在此向其作者致以深深谢意。在本书撰写过程中，虽然笔者力求著作趋于完美，但由于时间仓促，疏漏、不足之处恐在所难免。在此，请专家、读者批评指正。

目 录

前 言 ··· 1

绪 论 ··· 1

第一章 文 创 ··· 3
第一节 文创起源 ··· 3
第二节 文创产业与文创产品概述 ··· 5
第三节 文创产品设计的国内外现状 ······································· 24
第四节 文创产品设计的发展前景 ··· 28

第二章 始于文——文创之道 ··· 31
第一节 文化——文创思维的底层逻辑 ····································· 31
第二节 文化的地域性与本土性特征 ······································· 43
第三节 文化保护与传承 ··· 45
第四节 文化基因的挖掘 ··· 49

第三章 忠于创——文创之术 ··· 56
第一节 创意——文化传承的有力武器 ····································· 56
第二节 撩拨人心的情感定位——角色创意 ································· 61
第三节 乐在其中的用户体验——交互 ····································· 66
第四节 当非遗遇上文创设计——跨界融合 ································· 75

第四章 文创出圈——IP 孵化 ·· 111
第一节 内容产业的 IP 打造与运营 ······································· 111
第二节 文博机构的 IP 打造与运营 ······································· 146

第三节　创意城市的 IP 打造与运营 …………………… 154
第四节　乡村文旅的 IP 打造与运营 …………………… 157

结　语 …………………………………………………… 169

参考文献 ………………………………………………… 178

绪 论

文创是当下社会上的一大热点话题，在世界范围内更是不陌生。各个国家和地区都在大力推动本国文化创意产业的发展，尤其是英国，最早推行"文化创意产业"概念，依托自身拥有的悠久历史文化资产、高水平的人文素质，以及资本运作来打造文化工业。日前，国内文创文化及产业刚刚兴起，还有很长的路要走，可预见的是，未来将是一条"康庄大道"。文创用一种全新的语言表达元素，把中华文明用创意创新的方式表达出来，连缀起中国传统文化与现代的年轻群体，连通起中国与世界，也提高了中国文化在世界上的话语权。

在第五个中国品牌日，相关机构统计数据并分析指出，近年来"国风""国潮"等文创产品关键词的相关搜索热度上涨率达到 52.8%；截至 2021 年，在消费领域各品牌市场方面，"文创国货""中国制造"的关注度为进口产品的 3 倍之多。所谓"国风""国潮"，"国"即为中国传统文化；"风"为一种难言的情怀；"潮"则代表时代精神，面向未来。

"国风""国潮"文创文化起初借服装服饰惊艳登场，之后便不断跨界破圈，迅速席卷包装、美妆、日用品、餐饮等领域，令传统国货产品面貌焕然一新，小到手机壳、指甲剪，大到汽车、家具等日常生活载体及消费领域，无不在"国风""国潮"文创文化中寻找自己的时代定位。

要发展文创产业，应致力于打通文创产业三端，建立核心产业链，最终实现"创意、创造、创享"。文创产品是从文化创意产业衍生出来的，主要包含创意内容、载体两部分，是经过设计师思考、创意以及制作产生的产品。具体来看，文创产品设计师需要从文化、民族、宗教和地域等视角进行探寻，挖掘典型的文化元素和特色，并将其融入产品设计及加工过程中，实现创意、文化、内涵的多重表达。与普通文化产品不同的是，文创产品更具设计感和创意感，对文化性方面的内容进行了突出强调，能够满足消费者的使用需求和精神需求，尤其是其中所蕴含的文化特质，更让消费者获得了一定的精神慰藉和寄托，满足了消费者的审美需求，激发了消费者的内心情怀，这恰恰是文创产品自身的作用和意义所在。

观望未来，文创产品给人们带来视觉的享受和心灵的喜悦，人们也因此对其产生眷恋，从而产生丰富的心灵活动。文创与音乐、绘画、雕塑等艺术形态会产生融合与交互，它们都是人类丰富的心灵活动的产物。创造文创的人，体验文创的人，以及围绕着这些人的社会，所有这些元素有序地交互，就形成了文化。随着社会结构渐趋复杂，高度的文明开始产生，文创成为文化的条件也逐渐苛刻。科技的发展，使得文创体验从实物推进至虚拟，到未来，也许多维度空间乃至宇宙空间，都会成为人们体验文创之场所。

第一章 文　创

文化创意设计（文创设计）主要是形成创意概念，针对文化、知识形成完整的产业设计体系，具有系统性、普及性、传播性及平等性，也是文创设计能够具有影响力的先决条件。

第一节　文创起源

文化创意产业的起源，通常是以英国政府出台的《英国创意产业纲领文件》作为标志。1990年，英国政府开始起草文化发展战略。1997年，英国政府在布莱尔的主导下组建创意产业特别工作组，该组织开始调查创意产业的产业规模、就业状况、营业额等数据，以统计数据论证创意产业的经济价值。1998年发布的《英国创意产业纲领文件》，标志着英国正式把创意产业提升到国家经济战略的高度。2011年，英国政府发布《文化与创新：未来十年的规划》，再次确认文化创意产业在国家经济格局中的地位。中国文化创意产业是伴随文化体制改革而发展起来的，最初提出建立现代文化市场，后又提出建构现代公共文化服务体系，自20世纪80年代以来对此进行全方位的尝试和推动。20世纪90年代中后期以来，文化产业进入各方视野，随着经营性文化事业单位转企改制的深入、新兴文化企业的崛起、各级政府文化产业政策的放开、学术界的理论探讨，文化产业逐渐上升为国家战略。2004年，国家统计局出台《文化及其相关产业分类》；2009年，国务院发布《文化产业振兴规划》；2010年，党的十七届五中全会提出要推动文化产业成为国民经济的支柱产业。至此，确立了文化创意产业在中国经济格局的支柱地位。虽然文化创意产业在中外经济格局中的发展是一个渐进过程，但是关于文化创意产业的起源问题，学术界一直以20世纪90年代英国为始。人们在考察了产业缘起和学术源流之后，认为：

A. 文化创意产业的概念是在英国崛起，但是产业发展和理论探讨并非肇始于英国。1998年，英国创意产业特别工作组首次对创意产业进行定义，即源自个人创意、技巧及才华，通过知识产权的开发与运用，具有创造财富和就业潜力的行业，并于2001年将广告、建筑、艺术和文物交易、工艺品、设计、时装设计、电影、互动休闲软件、音乐、表演艺术、出版、软件、电视广播等13个行业确认为创意产业。可见，这个概念最初是在英国崛起，但是这些产业早已存在于各国文化发展史中，而且中国、澳大利亚学术界对此也早有论述，只是没有形成全球传播效应。

B. 文化创意产业的概念及理论研究始于20世纪90年代，但文化创意产业并不是源起于20世纪90年代。文化创意，即文化、艺术及创意，是人类文明和历史的重要组成部分。例如，戏曲表演、服装设计等都是通过具体的文化创意实践行为表达某种文化内涵。最初的表演行为、设计行为都是零散的文化创意实践行为，随着专业性和系统性的不断增强，零散的文化创意实践行为逐渐发展为具体的产业形态，成为戏剧产业和服装产业。从文化层面而言，文化创意产业的起源并不是20世纪90年代，而是可以追溯到数百年前文化、艺术及创意的表达行为。

C. 文化创意产业的起源问题直接关系我国产业和学科发展。如何界定我国文化创意产业的起源，对于我国文化创意产业的理论探索、产业规划和政策制定，以及具体的文化创意产业实践行为具有深刻影响。

在界定我国文化创意产业起源的过程中，一味地跟随英、美等发达国家做文化创意产业的诠释工作，或单纯地复制其他国家文化创意产业的发展模式，既不利于我国文化创意产业理论的研究，也不利于我国文化创意产业的健康发展。文化创意产业理论研究、规划和政策制定要"以我为主"。不考虑我国文化创意产业的发展状况，盲目追随西方理论研究是毫无意义的。

文化创意产业发展对于国家文化安全、民族文化自信有着深远影响。只有充分考虑我国社会与经济发展状况和文化创意产业发展历程，才能有助于解决如何在文化创意产业发展过程中，维护国家文化安全、增强民族文化自信、传播中华美学精神、避免过度商业化等问题。

第二节 文创产业与文创产品概述

一、文化的释义

（一）文化的定义

国内外文化研究领域的学者对"文化"一词的概念有着不同的理解与概括。最早给"文化"一词下定义，同时给出最经典论述的是18世纪末英国杰出人类学家、被尊为"人类学之父"的泰勒。他认为："文化，或文明，就其广泛的民族意义来说，是包括全部的知识、信仰、艺术、道德、法律、风俗以及作为社会成员的人所掌握和接受的任何其他才能和习惯的复合体。"[①] 我国著名文化学家梁漱溟先生指出："文化，就是吾人生活所依靠之一切……文化之本义，应在经济、政治乃至一切无所不包。"[②] 尽管文化的概念至今难以界定，但多数学者认为可以从广义和狭义的角度对其进行定义。《辞海》认为，广义的"文化"指人类在社会实践过程中所创造的物质财富、精神财富的总和，指每个民族为了生存和发展所创造的一切文明成果。也就是说，凡是人创造的，都是文化。广义的"文化"着眼于人类独特的生存方式与发展的本质，从开始就是属于人的，是人类全部创造活动的结果。因此，广义的"文化"的涵盖面是非常广泛的。[③]

狭义的"文化"指社会意识形态以及与之相适应的制度和组织机构，包括社会伦理道德、政治思想、文学艺术、哲学宗教、科学技术、民情风俗、民族心理、思维方式等。狭义的"文化"主要涉及精神领域的文化现象。

（二）文化的功能

文化具有重大功能，进步的文化对社会发展具有积极的推动作用，具体包括以下内容（图1-1）：

---

① 爱德华·泰勒. 原始文化[M]. 连树声，译. 上海：上海文艺出版社，1992.
② 刘梦溪. 中国现代学术经典. 梁漱溟卷[M]. 河北：河北教育出版社，1996.
③ 龚贤. 中国传统文化概论[M]. 北京：世界图书出版公司，2013.

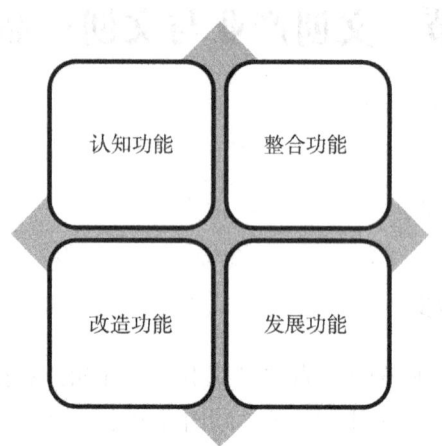

图1-1 文化的功能解析

（1）认知功能

文化在认识社会、认识人生价值上有重大作用。进步的文化能够帮助人们正确认识社会，或对社会采取批判、革新、改造的态度，或对社会采取扶植、建设、完善的态度。文化越发展，越能提高人民的素质，充分发挥个人的主动性和积极性，努力为社会进步做出贡献。

（2）整合功能

文化的发展帮助人们在思想上、行为上趋于一致。生活在同一社会制度下的人们，在认识上能趋于一致，文化起到一定作用。对某一社会问题，大多数成员能够取得一致看法，采取一致行动，并努力解决，例如文明礼貌活动、优质服务、提高职业道德水平等，都与文化的整合作用有关。

（3）改造功能

文化在改造客观世界和人的主观世界方面起到很大作用。历史经验得知，自然规律的发现和利用，均与文化传播有关。对社会而言，当某一社会制度正逐渐显露其腐朽性时，新的文化运动就成为批判旧社会、呼唤新社会诞生的先导；当一个新社会诞生后，先进的文化则能帮助新社会的巩固、发展和完善。

（4）发展功能

文化不仅帮助人们认识社会，也对社会结构和社会生活提供蓝图，使社会行为系统化。人一生下来，就踏进了社会化过程，这个过程也是学习和继承文化的过程，是在前人创造的文化基础上向前迈步。新的一代人根据时代需要，对原有文化采取"扬弃"态度，继承其先进合理的积极因素，批判落后的消极因素，从而向前推进文化发展，并因此促进社会进步。①

当然，对落后文化所具有的腐蚀作用也绝不能轻视，而要真正消除落后文化的消极影响，必须是利用先进文化的改造功能。

（三）文化的特征表现

1. 文化产生的基础：自然地理环境

文化是人类在对自然进行改造的过程中发展形成的。因此，自然地理环境是文化产生和发展的基础。自然地理环境的差异必然导致文化的差异。

地理环境是人类赖以生存和发展的物质基础，对于物质文明和精神文明的发展走向具有重大意义，尤其是在科技和生产力不发达的古代，这种影响更为明显。中国地处亚洲东部，地域辽阔，就领土面积而论，居世界第三位。我国地势西高东低，高低差距悬殊，形成地势上的三大阶梯。我国领土大部分处于北温带，四季分明，东部土壤肥沃而西部多高山和沙漠，因此，东南部是人口稠密区，西北部是人口稀疏区。

地理上自然形成西高东低的阶梯状，从资源分布上也为牧业、农业、农牧业做出明确的地理划分。复杂的地形和多样的气候形成中国传统文化的多样性。我国四周都有天然阻隔，相对优越的地理环境以及地理环境的封闭，造成中国传统文化相对独立的发展格局，产生与西方文化迥异的中国特色文化。另外，辽阔的疆域和众多的民族人口，使得中国传统文化回旋余地大，使得中国传统文化曲折延续而不至于中断，形成传统文化的延续性。

2. 文化的经济基础：经济生产方式

人类在自然中生存，必定是通过一定的生产方式创造财富。这种经济活动既养育了人类本身，也产生繁衍了人类文化。文化是社会生产发展到一定阶段的产物。因此，文化根植于一定的经济基础。

中国的自然条件极其利于农业生产，因此形成以农业经济为主体的社会生产方式。但是，由于地域不同，因而也存在不同的社会生产方式，如西北部地区的游牧经济。农业生产依赖于自然条件，使得人们对自然既亲切又敬

---

① 陈仲庚. 中西文化比较[M]. 广州：羊城晚报出版社，2015.

畏。万物的春耕夏耘、秋收冬藏，向人们反复揭示事物变化发展、生生不息的规律，从而导致中国文化的变易观和循环论的产生，建立起朴素的生成论的宇宙图景和天人合一的系统性、整体性思想。同时，作为农耕民族，固守家园、其居有定、耕作有时、安土重迁、和平相处是人们固有的观念，由此导致中国传统文化和谐观念和大同理想的形成。

3. 文化的依托：社会结构

社会结构为人类文化活动提供组织制度。人是社会性的动物，人的社会性具体体现为规范化、制度化的人际关系及其组织形式。人类社会在原始氏族时期大多以血缘为纽带建立起社会组织形式。随着生产力的发展，阶级和国家产生后，血缘关系在社会生活中的地位出现重大差异。

中国得天独厚的自然地理环境，定居的农耕生活和聚集的生活方式，使得中国血缘家族的生活方式被长期保留下来，并建立了一套体系完整、等级严格的宗法制度。宗族与宗法制度在我国的长期存在，导致我国出现了"家国同构"的社会结构。中国社会形态经历了原始社会、奴隶社会、封建社会和社会主义社会。其中，奴隶制发展并不充分，而以"家国同构"为特点的封建制度在中国得到充分发展，成为世界上最长久、最繁荣昌盛的社会形态。宗法色彩浓厚、君主专制高度发达的中国传统社会结构对中国传统文化产生了巨大影响，形成中国传统文化的伦理型模式，并富有极强的民族凝聚力。

任何现存的文化系统作为人们对自然环境的一种特定适应方式，都是不同的人类群体在特定条件、特定环境下为了满足人们特定需要而发生的。所以文化是平等的，没有优劣之分，每一种文化都适合其所处的环境，是在与环境相互作用过程中，经长期演化而成。文化没有先进落后的区分，文化是适应环境的产物。因此，不能以一种文化作为标准评价其他文化。

（四）文化的类型

文化的类别非常多，按照不同分类标准有不同的结果。

1. 雅文化与俗文化

澄心堂纸作为中国古代一种极为珍贵的宣纸产品，其制作工艺十分讲究。南唐后主李煜亲自监制的澄心堂纸是宣纸中的珍品，其"肤如卵膜，坚洁如玉，细薄光润，冠于一时"，从南唐到北宋，一直被公认为是最好的纸。用于进行书画创作的澄心堂纸，无疑代表了一种雅文化。

当宣纸作为剪纸的载体变为红色之后，其制造工艺也变得没那么复杂，并变得非常民俗化，成为人们生活中的文化，即俗文化。

2. 物质文化与非物质文化

（1）物质文化

根据联合国《保护世界文化和自然遗产公约》对物质文化遗产的界定，属于下列各类内容之一者，可列为文化遗产：A. 文物。从历史、艺术或科学角度看，具有突出、普遍价值的建筑物、雕刻和绘画，具有考古意义的成分或结构，铭文、洞穴、住区及各类文物的综合体。B. 建筑群。从历史、艺术或科学角度看，因其建筑形式、同一性及其在景观中的地位，具有突出、普遍价值的单独或相互联系的建筑群。C. 遗址。从历史、美学、人种学或人类学角度看，具有突出、普遍价值的人造工程或人与自然共同杰作以及考古遗址地带。

以此为依据，现藏于四川省成都市金沙遗址博物馆的太阳神鸟金饰是文物，属于物质文化遗产。在古建筑群中，最为人所熟知的是北京故宫。北京故宫是中国明清两代的皇家宫殿，旧称"紫禁城"，位于北京中轴线的中心，是中国古代宫廷建筑之精华。还有享有"甲江南"之称的苏州古典园林，其历史可上溯至公元前6世纪春秋时期的吴王园囿。苏州古典园林数量众多，清末时城内外有170多处，是中国江南园林的典范。以上两者都属于建筑群，亦属于物质文化遗产。此外，在中国历史上，激动人心的人造工程也很多，如长城、都江堰等，都是非常重要的工程，也是物质文化遗产。

（2）非物质文化

非物质文化遗产属于中华民族的重要特色文化，与人们的劳动以及生活存在紧密联系，具备多样性以及多元化的特征，传承的主要形式是世代相传，被社会群众当作核心经验以及精神，充分体现出中华民族的民族个性以及审美习惯。根据《中华人民共和国非物质文化遗产法》规定：非物质文化遗产指各族人民世代相传并视为其文化遗产组成部分的各种传统文化表现形式，以及与传统文化表现形式相关的实物和场所。非物质文化遗产包括：

A. 传统口头文学以及作为其载体的语言；B. 传统美术、书法、音乐、舞蹈、戏剧、曲艺和杂技；C. 传统技艺、医药和历法；D. 传统礼仪、节庆等民俗；E. 传统体育和游艺；F. 其他非物质文化遗产。

以上述内容为标准，中国的神话故事、书法、甲骨文、昆曲、二十四节气、各地不同的民俗等都属于非物质文化。

3. 器物文化、行为文化和观念文化

（1）器物文化

器物文化指物质层面的文化，是人们在物质生活资料生产过程中所创造的文化内容，包括衣食住行等方面。如汉民族传统服饰（后文简称汉服）、有着3000多年历史的中国传统拨弦乐器——古琴。

（2）行为文化

行为文化指制度层面的文化，反映出人与人之间的各种社会关系，以及人的生活方式上。如传统节日中的各种习俗，过年守岁、贴春联；端午节挂菖蒲、吃粽子；中秋节赏月、吃月饼等。

（3）观念文化

观念文化指精神层面的文化，以价值观或者文化价值体系为中心，包括理论观念、文化理想、文学艺术、伦理道德等，如祠堂。祠堂本身作为建筑属于文物，但是其承载诸多历史、人文和民俗等信息，所以又包含观念文化。

4. 饮食文化、服饰文化、建筑文化、地域文化等

（1）饮食文化

中华饮食文化博大精深、源远流长、极具特点。

一方面，风味多样。我国一直有"南米北面"的说法，口味上有"东酸西辣，南甜北咸"之分，主要包括巴蜀、齐鲁、淮扬、粤闽四大风味。有着"民以食为天"观念的中国人，每逢佳节都会开展南北食物派系之争，端午争论应吃咸粽还是甜粽，肉粽还是豆花粽。到了中秋，不但讨论吃咸还是吃甜，还要讨论五仁、叉烧、白莲、蛋黄哪个才是月饼之王，甚至连月饼的吃法也有差异，南方人吃月饼喜欢切开用叉子吃，而北方人觉得其不如整个拿着吃，等等，这些都从另一个方面印证了中国饮食文化多样性的特点。

另一方面，不时不食。中国人善于根据时节变化搭配食物，也就是所谓的时令菜，这些菜默默提醒着人们与万物平衡相处的安身立命之道。除此之外，中国饮食文化还讲究食材与食具的搭配及和谐；还喜欢给食物取一些富有诗意的名字，如"炝凤尾""蚂蚁上树""狮子头""叫花鸡"等。

中国人表面上讲究吃，但其实质是更注重蕴含在形式之下的认识事物、

理解事物的哲理。比如婴儿百日时要赠送亲朋好友红蛋，表示祝福，因为"蛋"表示生命的延续。

（2）服饰文化

衣、食、住、行是日常生活中最重要的四件事，衣排在首位，而最能代表中国传统服饰文化的就是汉服。中国有礼仪之大，故称夏；有服章之美，谓之华。人们所说的"华夏"就有这样一层含义，所以汉服也称为华服，大体是"上衣下裳"的形式。之所以这样设计，主要是由华夏民族的农耕民族属性决定的。农民要在地里干活，这样可以很方便地把外面的衣服脱下来，也是农耕民族与游牧民族的差别之一。当然，随着社会的发展，出现了上下连体的汉服，但对于普通农民来说，服饰还是以"上衣下裳"的形式为主。除了形式上的特点，汉服上的纹样也直接反映人们的思想观念。不同的时代、形式和纹样共同形成特定时代的中国传统服饰文化。

周朝实行分封制，遵循周礼，服饰也遵循严格的等级制度，运用在服饰上的纹样是"十二章纹"。帝王的大裘冕可以印满所有章纹，公爵印9种，侯爵印7种。纹样不只是为了装饰，组成"十二章纹"的日、月、星辰、山、龙、华虫、宗彝、藻、火、粉米、黼、黻，每个章纹对应一种美德，"日"对应"光明"；"月"对应"宁静"；"星辰"对应"广布"；"山"对应"稳固"；"龙"对应"灵便"；"华虫"对应"华美"；"宗彝"对应"忠孝"；"藻"对应"洁净"；"火"对应"向上"；"粉米"对应"务本"；"黼"对应"果断"；"黻"对应"明理"。汉服发展到魏晋，服饰风格可以用清秀、洒脱概括；到了唐代，正如"云想衣裳花想容，春风拂槛露华浓"所述，给人以丰美、华丽之感；宋服则具含蓄、严谨之风采。严格说来，服饰包含两个内容：衣服和饰物。上述内容主要指衣服，而饰物的种类则更多。"服"和"饰"通常是搭配出现的，如商朝贵族身上有佩戴玉饰的习惯，统治者甚至制定了一整套玉佩佩戴制度，用以区别阶级和等级。

中国传统服饰历经几千年的积累和融合，不断丰富和发展，形成中国服饰文化系统。

（3）建筑文化

中国传统建筑反映中华民族的居住方式，有着独特的体系和特点，其与西方建筑和伊斯兰建筑并称为世界三大建筑体系。

计成在《园冶》一书中提出传统造园基本原则："轩楹高爽，窗户虚邻；纳千顷之汪洋，收四时之烂漫。梧阴匝地，槐荫当庭；插柳沿堤，栽梅绕屋。

结茅竹里,浚一派之长源;障锦山屏,列千寻之耸翠。虽由人作,宛自天开。"其强调建筑和自然完全融合的一种状态。以苏州园林中常见的花窗为例,计成在书中把其称为漏砖墙。漏砖墙用于园林时使墙面上产生虚实变化,两侧相邻空间似隔非隔,景物若隐若现,富于层次。

(4)地域文化

无论是月饼的南北之争,或是苏州园林和徽州古村落的对比,都与中国传统文化中的一个重要分类有关,即地域文化。地域文化是文化在一定的地域环境中与环境相融合后形成的一种独特文化。最具代表性的是方言。方言是一方水土所创造的语言文化,通过方言可以了解不同地域文化和民俗现象。

例如,在山西晋南地区,新娘进门时不能直接从地上走,要从前后传递铺在地上的红布袋上走过,谓之"传袋"。"袋"谐音"代",取"传宗接代"之意。

刺绣这一中国古老的手工艺术,因为受到不同地域文化影响而成为地域文化差异的一种体现。以秦岭、淮河一线为南北分界线,分为南绣和北绣。南绣以苏绣、湘绣、蜀绣、粤绣四大名绣为主;北绣以京绣、鲁绣、汴绣、晋绣等地方绣种为上。不同的地域孕育出不同的刺绣风格,形成独特的艺术特征。

地域文化的差异促使人们在设计有地域属性的文创产品时,一定要了解当地文化,这样的设计才能被此区域的消费者认同,也被游客接受。

二、创意的释义

(一)创意的概念

创意是对传统的叛逆,是打破常规的哲学,是破旧立新,是思维碰撞后得出的创造性想法,是不同于寻常的解决方法。人们常说:"怎么都想不出一个创意。"虽然创意不能按照特定流程得出,但是可以从产品本身的属性方面着手,比如手感、颜色、使用方式(如与饮食相关的器皿)等。中国传统色彩只听名字就可以感受其内在风雅,令人赞叹。下面选择几种颜色进行分析。

竹月。这个词带给人们的是清冷感受。读到"竹月"两个字,应该会立刻在脑海中出现一幅画面——月色照竹林。对于很多人来说,这是一种色彩，但是当运用在不同产品和情景中，会给人带来新的感受，因为满月的光和残月的光、洒在屋顶的瓦上和洒在竹林之中的月光所营造的意境是有区别的。

天青色。中国传统色彩是先创造有着新色彩的物品，才有对此色彩的命名和后续运用。天青色最早出现是后周的周世宗柴荣想要一个"雨过天青云破处"般的颜色。他要的不是一个已经存在的色彩，而是要大雨过后，在云彩裂开的缝隙里的色彩。这个要求十分苛刻，但也证明古人在造色方面的出彩创意。后来，这种色彩被运用在瓷器上，如宋代汝窑出产天青釉，其颜色清澈通透，似玉非玉。

除此之外，层出不穷的新技术和传统文化经过碰撞后容易产生好的创意。比如故宫文创产品，人们可以发现其中很多好的产品都是日常用品。设计文创产品终究还是需要更多地研究人们的生活，研究人们生活习惯，研究人们在生活中需要的产品，研究文创产品如何能被大众消费者接受，而文化与功能的巧妙结合是最佳的创意方案之一，可以潜移默化地将传统文化融入人们的日常生活中。

（二）创意的意义

创意作为实现文化价值和产品价值的主导力量，其最大的意义在于对文化的转化。创意将物质文化与非物质文化中的文化，或者是其他分类方式中不为人了解的文化，以有趣的、消费者能够欣然接受的方式进行传达，使传统文化得到传承。不可否认的是，优秀的创意可以让文化传递、传承的效率最大化，而差强人意的创意是否能准确传达传统文化尚值得商榷。

按照创意对于文化的转化和传达水平，可以将文创产品分为三个层次：

第一个层次，创意含量几乎为零的贴图法。这种方法通常是将原有的文化元素直接以图案、图形的形式附加在产品上。如刻有各种图案的木质书签，其设计方式通常是简单地以书签式样的木片作为载体，使用机器雕刻出有着特定含义的中国传统图形，比如梅兰竹菊、花窗、人物脸谱等。图案和木雕工艺的组合并没有产生1+1＞2的效果，类似的图案运用在铜的材质上也并无不可。

第二个层次，符号能指的转化和延展，或将特色文化内涵外化。了解这一内容之前，人们应了解"能指"与"所指"的概念。符号是能指和所指的结合，所谓能指，就是表示者；所指就是被表示者。以巧克力为例，巧克力的形象是能指,爱情是其所指,两者结合构成表达爱情的巧克力符号。在中国传统文化中,梅、兰、竹、菊等植物能代表一定的精神品质,古人所说的"宁可食无肉,不可居无竹",并不是说竹子本身有多美,人们所喜爱的是竹的内涵,要表达的是对竹子精神的喜爱,即自强不息、顶天立地的精神。所以,当文创载体与特定文化符号巧妙地结合之后,其层次便比贴图法的文创产品的立意更高。

第三个层次,用一句话概括为"只可意会、不可言传"。此类文创产品在对意境的表达上,是将传统文化的意蕴、思想、观念等以无形的方式融入产品载体中。在众多文创产品中,有一类文创产品被称作"禅意文创",与其关联的产品主要是抄经、茶道、香道、茶器、禅趣等,比如洛可可的高山流水香台,以烟代水,一石知山,烟气腾挪,方寸之间容纳天地气象。

文创产品是创意作用的对象,创意则是文创产品的核心,文化以某一创意方式或形式加载于产品之中,与其融合为一体,成为特定文化内容主题的文创产品。当然,也要考虑市场因素、消费心理、需求趋势等问题,只有这样,才能保证特定文创产品能够满足细分市场的需求,实现经济效益最大化。

三、文化创意产业的释义

产业是工业革命之后诞生的一个经济学问题,英国经济学家马歇尔于1890年提出"产业组织"概念,后逐渐延伸到产业结构、产业关联、产业政策等方面。1973年,日本经济学家宫泽健一出版《产业经济学》,融合产业组织、产业结构、产业关联等理论,应用于经济学领域,诞生产业经济学(Industrial Economics)。可见,产业是一个具有较强实践性和应用价值的经济学概念,而文化创意产业作为新兴产业,其产业的组织、结构、关联及政策等问题更值得研究。

对文化创意产业领域的研究,学术界最初探讨的是文化工业(Cultural Industry),着眼于工业生产、分配、交换与消费等环节;后来延伸到文化产业(Cultural Industries),显然已经关注到产业的组织、结构、关联等问题;最后出现创意产业(Creative Industries)和创意经济(Creative Economy),把产业拓展到创意领域,即人的文化创造力,包括文化内容、文化产品、文化服务及知识产权、创意阶层等方面,把文化创意产业拓展到文化艺术、经济法律、社会政治等领域。

文化创意产业是从精神价值、道德信仰、文学艺术、生活方式等文化层面出发，通过创意激发影视、出版、传媒、设计、广告、动漫、游戏、互联网以及音乐、舞蹈、美术等文化艺术的生命力，融合文化与科技、信息、旅游、体育、农业、金融等，最终爆发产业聚变的力量。简而言之，文化创意产业是通过人的创造力激发文化的生命力、融合文化及相关产业、实现产业聚变效应的新兴产业形态。

四、产品与文化产品释义

（一）产品的概念

产品是什么？对于这个问题，设计师和消费者都十分熟悉，然而产品的概念和范围一直在变化并不断扩大。例如，随着时代变迁，人们书房里的家具陈设也发生变化。产品改变时，改变的还有人们的生活场景与生活方式。

产品不仅是有形的物品，还应是能够供给市场，被人们使用和消费，并能满足人们某种需求的东西。产品既包括有形的物品，也包含无形的服务、组织、观念或它们的组合。简单来说，"为了满足市场需要而创建的用于运营功能及服务"就是产品。例如，当人们的住宅场景与生活方式改变后，人们对书房的功能需求发生变化，于是就有了新的产品被设计出来，以适应这种需求。

（二）文化产品的概念

广义的文化产品是指人类创造的一切提供给社会的可见产品，既包括物质产品，也包括精神产品；狭义的文化产品专指精神产品，纯粹实用的生产工具、生活器具、能源资材等，一般不称为文化产品。

五、文化创意产品的释义

（一）文化创意产品的概念

设计的核心是人，设计承载对人类精神和心灵的慰藉。文化产品是反映物质功能和精神追求的各种文化要素的综合，是产品价值、使用价值和文化价值的统一。文化创意产品一般以文化、创意理念为核心，是创意人的知识、智慧和灵感在特定行业的物化表现，即创意来自文化设计的产品。简单来讲，文化创意产品指具有文化内涵的创新性产品，其核心要义是对文化内容进行创新性转化。文化创意产品设计主要是通过分析文化器物本身所蕴含的文化因素，将这些文化因素以符合现代生活形态的形式转化成设计要素，并探求其使用后的精神层面——即产品的"体验价值"。随着现代化社会的不断发展，消费者个性化、差异化的消费需求逐渐让文化创意产品成为市场的新颖消费品。文化创意产品设计处于技术创新和研发等产业价值链的高端环节，科技和文化的附加值明显高于普通产品和服务。

文化创意产品以文化为基础，发挥创意思维对产品进行创造与研发，综合文化产品的"文化经典"和创意产品的"创造创新"双重特征，以文化生产和服务为产品研发对象，涵盖文化与创意项目策划、产品与服务设计、文化创意内容研发、文化创意活动构思与生产经营。文化资源需借助"创意"进行再加工，对文化再创造、再提高，以将文化资源优势转化成产品优势，进一步形成文化品牌和市场竞争力。

（二）文化创意产品的常见类型

文化创意产品主要有以下类型（图1-2）：

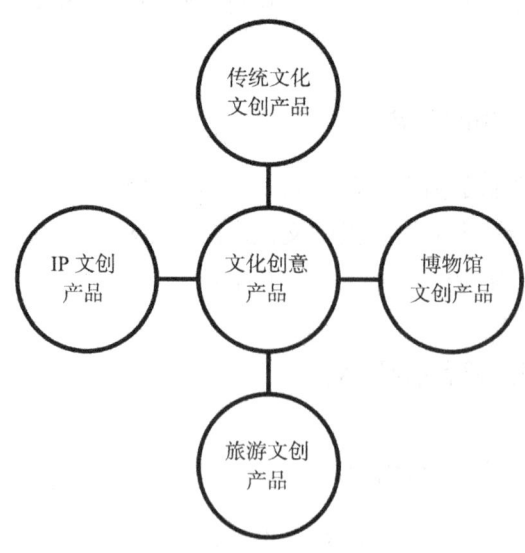

图1-2 文化创意产品的常见类型

第一章 文 创

1. 传统文化文创产品

（1）物质文化文创产品

物质文化是有形的，如园林建筑、景观、服饰、历史文物等实质物体。随着旅游业的发展，各地历史建筑已经成为文创产品设计的重要创意来源。

中国江南地区的园林历史文化极其丰厚，具有众多可塑的文化元素，接待过无数中外游客。然而，在江南众多园林中，所传卖的很多文创产品缺少自身特色和文化传承，衍生产品形式单一，缺少创新。以拙政园为例，其文化可分为物质文化和非物质文化两个方面。文创产品设计作为传播中国传统文化的方法之一，也是继承和发展地域文化的主要手段。在进行文化元素选择时，考虑到拙政园有着四大园林之一的属性，最值得从园林文化内容主题中提取并融入文创产品中的典型文化元素无疑是园林中的建筑元素，它最能体现其独有的精神风貌和地域特色。在此基础上，跳出园林文化内容主题文创产品中常见载体，如明信片等，选择其他形式，让产品不仅具有同明信片一样的功能性，还具有装饰性。

源于物质文化的文创产品设计难度较低，因为其本身的造型和图形就是设计师取之不竭的创意设计来源。然而，大多数物质文化曾是和古人日常生活息息相关的事物，作为设计师要思考的是如何避免把它们从实用性物品变为视觉化的物品，要让它们在现代生活中继续以日常用品的形式存在，让其延续人们的生活习惯，自然而然地达到传承文化的目的。

（2）非物质文化文创产品

非物质文化主要指非物质形态的、有艺术和历史价值的文化内容，是人类在社会历史实践过程中创造的各种精神文化，如吉祥文化、传统工艺、戏曲、节令民俗等。

①吉祥文化

中国的吉祥文化源远流长，也与人们的日常生活息息相关。它们以共同的吉祥观念为内涵，以传统民俗为形式，以传统民间工艺为手段，以吉祥物品、吉祥图案、吉祥色彩为载体，共同构成表达人们祈福吉祥美好愿望的语言。

从新石器时代陶器上的"日"和"月"连成一圈组成的装饰纹案，到西安半坡出土的新石器时代彩陶上形形色色的人面鱼纹，这些早期的吉祥文化将图腾崇拜融入陶器中，展现出原始先民的吉祥观。后来，这种吉祥观影响了整个中华民族的风俗习惯。

吉祥文化起到推动作用。在中国数千年的生活实践中，"吉"和"祥"两个词是情感驱动的符号，促使消费者认同携带和附着它们的产品，从而使游客愿意购买各种类型的文化创意产品，并在情感上促使人们感受产品中包含的文化和创意设计。

基于吉祥文化的文化创意产品设计。如果要设计基于吉祥文化的文化创意产品，首先应理解它的语义和表达方式。吉祥文化的内容不是直接表达的，而是通过其他形象表达。寓意技巧通常分为三类：象征、谐音、表号。因此，基于吉祥文化的文创产品设计，首先要从吉祥的表达方式入手，再结合恰当的载体进行创意设计，才能准确传播包含吉祥文化在内的传统文化。

②传统工艺

传统工艺指采用天然材料制作，具有鲜明的民族风格和地方特色的工艺种类和技艺。比如潍坊的风筝、天津的泥人张彩塑、苏州的苏绣以及不能以地域划分的剪纸、漆艺、陶瓷、扎染等，这些传统工艺是历史和文化的载体。现在，设计师需要为这些传统工艺寻找合适的载体进行创新设计，传承其所承载的历史与文化。

不同的传统工艺类别需要考虑其所具有的特点，使其与实际生活和用户需求结合起来，通过创意设计激活其新的生命力。严格来说，包含传统工艺的产品不一定就是文创产品，关键在于是否对原有传统工艺的运用进行再设计。

基于非物质文化进行设计的文创产品不局限于吉祥文化和传统工艺，与基于物质文化进行的文创产品设计相比，有着更广阔的形态创意空间，也增加设计难度，大多数情况下没有一个原形态进行参考。因此，基于非物质文化进行设计的文创产品一定要抓住文化元素的精髓。

2. 博物馆文创产品

2016年，以故宫文创为首的博物馆文创给整个博物馆文创产业带来契机，随着2016年5月11日，文化和旅游部、国家发展和改革委员会、财政部、国家文物局《关于推动文化文物单位文创产品开发的若干意见》的出台，更是给予博物馆文创强大的助力。

目前，国内已有数家博物馆、美术馆、纪念馆围绕馆藏产品进行文创衍生品的开发，其中故宫文创是博物馆文创产业的引领者。

随着文创产业的发展与文创产品的热销，文创设计比赛举办得越来越频繁。但是，很多参赛者在设计过程中并没有很好地解读文物，也没有了解其文化内涵，只是将各种元素简单地拼接，这样的设计非但不能传播文化，还可能导致民众对相关历史文化产生误解。如果设计师仅将源于文化内容的原始图形"原汁原味"地应用在载体上，则谈不上是创意设计。此外，应用载体还不能脱离消费者的日常生活，否则会影响文化传播效果。所以，文创产品设计师不但要提升个人的文化解读能力和转化能力，避免让设计停留在文化的表层认识上，还要了解市场、了解各个层级消费群体的多元化购买诉求。

文创产品的设计核心是创意，缺乏创意的设计是无法吸引消费者的。文创产品的基础是文化，只将馆藏文物中的文化元素"贴"在钥匙扣、书签、抱枕等载体上，是无法准确传达文化内涵的。

3. IP 文创产品

如果由传统文化和博物馆文物主导的文创产品所讲述的故事是单集精彩大片，基于某个文化主题所打造的 IP 文创产品，则是以此为元素讲述系列故事，而 IP 就是这个系列故事中的主角。

现在，所有的文创产品都在借助或者创造 IP，以延长其所衍生的系列文创产品的生命周期，文创产品到了"一切皆 IP"的时代。这样的现状离不开自媒体的快速发展，人们借助自媒体讲故事，只要故事讲得好，各种 IP 都可以被炒作。网络剧、畅销书、网红等都有 IP 出现，其中也有博物馆的 IP。

（1）从 IP 到 IP 文化

IP 原本是"Intellectual Property"的缩写，即知识产权，现在有了新的定义：特指一种文化产品之间的连接融合，有着高辨识度、自带流量、强变现穿透的能力、长变现周期的文化符号。人们将这种文化符号称为"文化 IP"。因此，文化 IP 从最早的文学动漫和影视作品延伸到传统文化等其他领域。除了故宫，包括故宫猫在内的一系列 IP 及其本身超级 IP 外，苏州博物馆的"吴门四家"、陕西历史博物馆的"唐妞"、敦煌研究院的"飞天"都是各大博物馆重点开发的文化 IP，这些文化 IP 可以在几大博物馆的天猫店首页迅速搜索到相应的标题或衍生文创产品。

再如，故宫的宫廷娃娃可以打造成文化 IP，阿狸表情包也可以打造成文化 IP，文化 IP 形成的基础是具有一定特色的文化内容，在经过创作者的重新创作后，可以吸引部分粉丝，如果可以结合影视剧、游戏或产品发行，获得的粉丝关注会成倍增长，可使原始文化 IP 在粉丝的关注下有更大的影响力。

可以说，文化IP和文创产品之间是相互辅助、相互支持的，通过文化产品的生产，文化IP的价值也会逐渐提升。

（2）IP设计基础依然是文化

IP一词最早出现时，有些人认为IP仅是一部小说、一部电影或一个人，其实这只是IP的输出方式。IP自带流量，是以具象化形象为载体的感情寄托，不同国家的文化各不相同，因此流行的文化IP也会不同。IP形象只是外在形式，IP本身包含的文化内容中的故事与元素才是基础。高髻峨眉、面如满月、体态丰满、宽袖长裙，漫画人物"唐妞"的出现，就迅速获得人们的喜爱。与其说人们喜爱她的外在形象，不如说人们喜欢的是以中华传统文化为魂，以唐朝侍女俑为原型打造的原创IP形象。

唐妞的原型为陕西历史博物馆馆藏"唐粉彩仕女俑"。西安桥合动漫的创始人乔乔保留唐仕女造型，设计出呆萌可爱的Q版形象，称为"唐妞"。在2019年青岛国际版权交易会蓝谷IP国际高峰论坛上，据"唐妞"的创作者介绍，"唐妞"的出现始于讲好唐文化故事的目的，最终从陕西博物馆收藏的文物中选定唐朝侍女俑，从中提炼元素，使其成为更可爱、更萌的Q版唐妞，同时保留中国传统国画特色。现在，唐妞已成为陕西省历史博物馆的形象代言人之一。支撑唐妞这个IP形象的是唐文化，从2019年影视剧《长安十二时辰》的爆红可以看到，人们更在乎影视剧背后真实的历史故事和文化。《长安十二时辰》带人们走进唐玄宗统治下繁荣昌盛的时期，剧中十二时辰环环相扣，步步惊心，而唐妞同样是有着深厚历史文化背景，融合西安十三朝古都历史文化底蕴的一个原创且独特的卡通人物，以历史情感为切入点吸引消费者。如果唐妞IP衍生出的一系列文创产品是一个个小故事，后续的《唐妞丝路日记》《唐妞说长安》《唐妞说日常漫画》《唐妞的二十四节气》《唐妞读唐诗》是以唐妞这一形象为故事主角开启的一系列精彩大片。可以看到，这一系列的文化内容都是围绕与唐文化相关的元素展开，也是唐妞IP衍生出的所有文创产品的基础。

同样是人物IP形象，体态俏丽、持乐歌舞、翱翔天空的敦煌飞天IP形象，象征的则是向往自由、勇于探索、超越自然，以及一种积极向上的美学基调。此外，飞天还包含佛教因素并蕴含"天人合一，和谐发展"的哲学思想。由其衍生出的文创产品中最吸引消费者的是其蕴含的独特美学元素。

兵马俑被誉为世界第八大奇迹和20世纪考古史上的伟大发现并被列入《世界文化遗产名录》。说起秦朝，很容易让人联想到"强大"二字，历经商鞅变法后的秦国拥有强大的经济实力，远交近攻的战略加上良臣杰士，以及一路所向披靡的秦国军队，这些无疑是秦始皇兵马俑博物馆值得打造的IP。其中，秦俑IP象征拥有钢铁般意志的铁血战士。坚韧砥砺的秦人与冷暖相伴的大秦精神组成真正的大秦帝国。这种精神延续千年而不朽，在新时代里依然指引着人们前进的道路，这也是秦俑IP吸引消费者的主要原因。

上海博物馆主打的IP是董其昌，其衍生出的文创产品主要是和书画有关的文具用品，也是"董其昌"IP的文化来源。董其昌，松江华亭（今上海市）人，明朝著名书画家，擅画山水，为华亭画派杰出代表，其画作及画论对明末清初的画坛影响甚大。以董其昌书法作品和色彩鲜明的画作局部图为元素制作而成的文创产品，无论是复古风纸胶带，还是真丝材质的围巾，都力求表达出一种"妙在能合，神在能离"的境界。相较于各大博物馆丰富的馆藏品，主题博物馆的IP内容就比较单一，甚至其中大部分博物馆对于自身文化内容还没有进行相应IP文化内容的重构。

博物馆IP可以比较容易地借助博物馆自身流量招募到众多粉丝，在中国传统文化中也有众多内容值得并且可以进行转化。然而，目前国内大部分的非博物馆原创、与中国传统文化相关的热门IP基本都以影视剧为主。《花千骨》《诛仙》《三生三世，十里桃花》吸引的是喜爱各种仙侠剧IP的消费群体，他们爱屋及乌地喜欢上影视剧中各种仙气飘飘的服饰与首饰，很多消费者因此去拍摄了属于自己的古风写真。如今，懂咖啡之艺者众多，通晓茶道者甚少，这让人心碎神伤。如果说古风文化还没有把中国传统文化表现得淋漓尽致，电视剧《知否知否应是绿肥红瘦》则将人们带入词意浓浓的宋朝，给人们上了一堂中国传统文化普及课。在这堂课中，通过点茶，对茶道文化进行了简单普及。点茶过程非常复杂，先要将茶饼捣碎，过筛后只留下茶粉。当然，在捣茶的同时不要忘记烧水，因为捣好茶后要把烧好的水倒在茶碗里，摇一摇再倒掉，这个过程是温盏。之后加入茶粉和水，用茶筅去搅拌。除此之外，还有投壶、马球、插花、焚香，甚至曲水流觞、即兴赋诗等社交活动，使人们看到了精致的中国传统文化。这部电视剧中的中国传统文化元素非常多，是进行文创产品设计的巨大资源库。

（3）IP文创产品设计核心依然是创意

依靠电视剧同款诞生的文创产品终究缺少创意，并且产品也受到道具设计之初所蕴含的文化内容准确性的影响。文化中的故事和元素是前史的遗存，很多已不符合当今潮流，因而需对其文化重新进行解读和创意的表达。

中国国家博物馆（下文简称"国博"）可以开发的 IP 内容非常多，让这么多的文化内容迅速走入人们的日常生活，IP 授权合作是国博选择的方式，馆内众多的陶器、青铜器、瓷器、书画以及基于藏品二次开发的 IP 资源图库，通过授权实现馆藏文物和文化元素与品牌的对接，进而提升品牌的文化价值。

2018 年初，国博与肯德基合作，在国内 18 个城市设立了肯德基国宝主题店。17 件精心甄选的国家级宝贝被"请"进肯德基国宝主题店内。在苏州，消费者可以与《明宪宗元宵行乐图》畅谈意趣风华；在成都，人们可以偶遇诙谐幽默的击鼓说唱陶；在西安，可以听人面鱼纹陶盆诉说人与鱼的羁绊……人们一边吃鸡一边聊历史和店内的国宝主题。除了在装修上体现主题，肯德基的经典全家桶也华丽变身为"国宝桶"，桶的外包装上印刷了各种源自国博馆藏文物的吉祥图案：福庆有余、万福如意、锦绣山河等。

恭王府是清代规模最大的一座王府，最吸引游客的是恭王府内号称"天下第一福"的福字碑。该碑位于北京恭王府花园秘云洞内，碑上的福字是清康熙皇帝御笔，所造的"福"暗含子、田、才、寿、福五种字形，寓意多子、多田、多才、多寿、多福。中华民族是一个崇尚福且追求福的民族，自古就有祈福、盼福、崇福、尚福的习俗，"福"也成为恭王府博物馆文创产品设计的重要文化元素。以此为文化 IP 内容，更容易吸引各个年龄段的粉丝。据报道，恭王府的文创产品销售收入接近其总收入的 50%，在文博业中并不多见。

通过文物及其衍生出的文创产品，消费者想要看到的是其内在的文化，并通过它们看到特定时代的样貌。例如，《清明上河图 3.0》高科技艺术互动展演不借助文物、不通过文创实物产品，同样可以让消费者看到北宋城市的宏大规模与气象。

（4）人格化是 IP 文创产品与粉丝连接的纽带

有了文化和创意，要寻找某一主题的文化 IP 吸引更多的消费者，通过人格化 IP 形象往往可以连接粉丝能量、集聚流量。2019 年暑期上映的电影《哪吒之魔童降世》，为哪吒赋予"我命不由天"的人格，很多人愿意为各种哪吒的衍生文创产品买单。该 IP 吸引人的地方不仅是电影中浓浓的中国传统文化元素、家喻户晓的《封神演义》故事以及故事和人物的创新表达，更是哪吒那"生而为魔，那又如何"的与命运斗争的态度。

当人格化的人气 IP 形象和茶饮进行跨界碰撞，一定会吸引众多的年轻人。比如布朗熊与可妮兔各自携带的 IP 人格化魅力，让布朗熊与可妮兔奶茶店成为年轻人的打卡圣地。年轻人除了使用表情包，还可以用一杯茶的方式表达对布朗熊与可妮兔的萌趣人格喜爱,让茶饮走进年轻人的生活,也衍生出众多周边产品。

类似布朗熊与可妮兔的人气 IP,虽然有了人格化形象,却没有背后的文化和故事,它们的故事总是显得单薄。如果在人格化之初让其承载更多的文化内容,加入更多的文化元素,借助传统文化的深厚底蕴也许能让品牌的生命力更强盛。否则,其 IP 形象所衍生出的产品只能称为周边,而不属于文创产品。

基于超级 IP 开发的文创产品并不是简单的形象衍生,文化元素不仅要加上创意,还要注重 IP 背后人格化的塑造,才能构建真正的超级 IP。超级 IP 的建立不只可以为文创产品带来丰富的创作内容,还可以向下延伸,衍生出更多形式的产品。整个 IP 产业链可以划分为内容层、变现层、延伸层、支撑层。从最上游以网络文学、漫画、表情包及传统文化为主的内容层,到中游以电影、电视剧、网络剧、游戏及动画等领域为主的变现层,再到包含衍生品,尤其是文创产品、主题公园、体验馆等的延伸层,IP 连接着特定主题的传统文化,让其有了各种状态的表达和传播方式。

4. 旅游文创产品

文化是人类所创造的精神财富和物质财富的总和,并且具有一定的地理性、物质性、历史性、传承性,而旅游是实现文化传承和发展的载体,文化是旅游的灵魂,文化和旅游的结合生成一种将人文旅游、社会旅游和自然旅游等相结合的流行新形式。这种新形式不仅可以带来令人身心愉悦的美景,也对经典文化资源所衍生出的旅游文创产品的创新性、独特性提出更高要求。

在文旅融合背景下,衍生出了各种主题文化乐园,水乡文化无疑是江南地区最吸引人的一个旅游主题。江南古镇很多,有名的有同里、周庄、西塘、南浔、乌镇等。其中,乌镇唯一区别于其他水乡古镇的文创系列产品是"乌镇福鱼"。"福鱼",用中国吉祥文化中的谐音这一表达方式即"富裕"。除此之外,乌镇也将乌镇蓝印花布打造成乌镇的一个特色产品。蓝印花布最初以蓝草为染料印染而成,是我国的传统民间工艺。

◎始于文，忠于创　文化创意的术与道

第三节　文创产品设计的国内外现状

随着文创产品需求的日益增长，文化创意产业发展逐渐成为新的经济增长点的重要内容。2020年初爆发的新冠肺炎疫情对全球经济造成巨大冲击，各国文化产业更是遭受重创。疫情仍在继续，但各国文化产业打开了新局面，给文化产业领域带来危机与转型发展机遇，引发人们对文化产业长远发展的思考。随着文化产业的发展，对经济的影响日益扩大。

一、西方文化创意产品设计的发展现状

文创产品设计主要是通过分析文化器物本身所蕴含的文化因素，将文化元素以符合现代生活形态的形式转化成设计要素，并探求其使用后的精神层面，满足产品的"体验价值"。随着现代化社会的不断发展，消费者个性化、差异化的消费需求逐渐让文创产品成为市场的新颖消费品。

（一）英国文化创意产品设计的发展现状

英国文化创意产品设计在英国乃至世界中都有重要地位。用"创意"推动文化产业发展，英国人擅长将古灵精怪的奇思妙想融入文教、体育和旅游等服务设施中，也就是现在人们所谓的"第四产业"。

近年来，英国创意产品和服务在全球许多领域备受关注，创意经济占到总就业人口的7%以上，预计有15.74万个企业，就业人数200万。其中，电影、音乐、科技、建筑、时尚设计、产品设计方向就业增长较为迅速。英国电影长期以来在全球电影市场占据重要地位，而支撑英国电影走向世界的原动力是英国独特的文化及系统的电影制作教育。

牛津经济研究院的最新报告预计，新冠疫情将在2020年使英国电影、电视、视频和摄影产业萎缩57%，一年损失453亿美元收入。其中，音乐行业萎缩50%，损失至少38亿美元的收入和60%的工作岗位，因为演唱会等现场音乐和巡回演出的取消，对音乐行业造成沉重打击。同样，戏剧行业预计将萎缩61%，损失38亿美元的收入，最多可能将失去70%的工作机会。英国创意产业联盟首席执行官卡罗琳·诺伯里表示：英国即将面临一场"文化大灾难"。面对巨大的疫情冲击，英国艺术家们未停止努力。2020年7月，

安德鲁·劳埃德·韦伯在英国公共卫生部门监督下,在伦敦举办疫情高峰过后的第一场大型演出。在现场,每个位置之间都有间隔,观众都戴上口罩,上座率是疫情前的30%。

世界顶尖音乐节之一的Tomorrowland电音节推出全新的线上音乐节。与其他虚拟音乐节相比,本次音乐节不仅阵容强大,还为观众准备了8个风格迥然不同的虚拟舞台。英国首相约翰逊于2020年7月5日表示,为帮助因新冠病毒大流行和封锁措施而陷入停滞的文化艺术机构,将向其提供15.7亿英镑的资金,这是英国政府给予文化领域有史以来最大的一笔投资。但是工党认为这一援助"太少、太迟",而一位保守党高级议员表示,该计划只会提供暂时的帮助,可是艺术界人士仍备受鼓舞。作为英国三大文化盛事之一的切尔西花展因故取消。但是,在2020年9月,伦敦推出第一届壁画艺术节,活动场地从北伦敦沃尔瑟姆斯托横跨至温布利,有50多幅风格各异且充满视觉活力的巨型壁画出现在这些区域的建筑上,总能令路人多看几眼。

英国文化产业在自救中得以留存,人们可以从中得到一些启示。在疫情防控常态化的背景下,对受到影响较为滞后的产业,需要引起足够重视。政府相关预案的准备和讨论需更早一点行动,不能等到情况严重了才有所作为。

(二)美国文化创意产品设计的发展现状

随着美国新冠疫情的迅速蔓延,以美国东西岸几大城市为首的新冠肺炎确诊人数激增,美国文化艺术产业也遭受到不同程度的影响。

自疫情爆发以来,所有文化艺术组织均经历了不同程度的活动停滞。影视制作被居家令终止,剧院及现场演出被取消,博物馆也被迫停止营业。受到疫情影响,百老汇所有剧院2020年3月中旬起关闭。法新社报道,百老汇剧院持续关闭造成了不小的经济损失。同样,宣布关闭的大型艺术机构还包括大都会歌剧院、纽约爱乐乐团、卡内基音乐厅等。对此,美国采取许多措施扶持文化产业的发展。

美国社会存在大量的基金会组织,为因新冠肺炎疫情受到冲击的文艺工作者提供必要资助。在基金发起方面,不仅有历史悠久的基金会组织,还有不同地域的文化机构,甚至还有好莱坞巨星、奥斯卡影后等的身影;在扶持对象方面,涉及所有文艺领域的工作者或创作者。

美国社会在特殊时期对文化艺术的扶持,能够给人们带来某些启发:在全民受到冲击的特殊状态下,社会力量的相互扶持对于社会健康发展至关重要，能够在政府扶持之外继续修复社会发展的各个环节，帮助各行各业的人走出困境。

（三）德国文化创意产品设计的发展现状

2020年疫情爆发，歌剧院、音乐厅的演出接连取消，退票、退款的账单迅速堆积……新冠疫情在全球蔓延，严重打击了德国文艺产业。据德国《商报》报道，德国有近25万家文化和创意相关企业，从业人员超过百万。受疫情冲击，博物馆、电影院、艺术画廊、演出团体等相继停业，线下文化消费市场几乎冻结。德国政府预计当年电影业将损失33%—72%的收入，电视及广播行业的损失也将在11亿—19亿欧元。2020年3月10日，德国联邦政府下令，4月19日前禁止举办1000人以上活动，各州相应出台法令交由地市执行。2020年4月，德国针对中小企业出台的500亿欧元救助方案，已帮助很多电影院、音乐俱乐部、书店、画廊等中小型文化机构获得快速贷款支持，职业艺术家也从短时工作津贴条例中受益。自同年5月开始，博物馆、美术馆等机构陆续开放；同年7月德国联邦政府批准了一项援助计划，将在未来两年投入10亿欧元，扶持受到疫情影响的文化产业。德国文化部希望这项计划能够帮助保留"德国独特的文化景观"，为从业者创造就业机会，促进文化产业振兴。

总体来说，德国在疫情中对于文化创意产业的补助，可以说远超欧洲其他国家。由于德国对于国家紧急情况的立法相对完善，政府承诺的资金是否拨付到位，政策能否真正被执行，也会受到法律层面上的监管。

（四）意大利文化创意产品设计的发展现状

意大利文化创意产业强调为生产性企业提供服务，特别是传统的工艺品服务，生产优秀的设计作品，如家具、灯饰、服装、厨房用品和餐具。意大利文化创意产品设计之所以有如此重要的影响，是因为设计师为本土和国际市场提供了高质量和令人满意的生活用品。这些产品除了功能和形式外，还包含更多含义，而不仅是用于日常生活。意大利长远的历史文化形成人们对美的塑造和观察。意大利的气候和自然景观激发了意大利人的创造力。他们随意的创造深深植根于传统中。

2020年初，随着疫情的肆虐，意大利宣布关闭国内850家电影院，这一数量占其电影院总数的45%，涉及银幕数量1830块，占其国内银幕总数的

48%。同样受到疫情影响，紧急关闭的还包括博物馆、电影院、音乐厅和学校等各大人流密集场所。可以看到，意大利经济在其文化产业，包括时尚、文化、影视、家居等诸多领域已经遭受重创。

2020年5月，意大利颁布的"重启法令"中包含大量税收、租金和贷款减免措施，用于帮助酒店、餐厅、旅行社、剧院和电影院等，表明政府认为旅游和文化产业具有战略上的重要性。同年7月14日，在意大利政府通过的一揽子经济刺激计划中，有10亿欧元将用于文化产业。在文化产业方面，意大利政府将出资2.1亿欧元帮助私营文化企业，出资1亿欧元帮助约400家国有博物馆，以部分弥补这些文化企业的损失。政府还将出资1亿欧元鼓励私营资本向文化产业投资，出资2.45亿欧元帮助意大利电影产业。

（五）法国文化创意产品设计的发展现状

2020年7月，法国文化部研究展望和统计处对7800名艺术工作者进行深入调查。研究结果表明，法国文化产业整体产值和2019年同期相比，预计将下滑25%，相当于损失223亿欧元。所有文化产业都未能幸免，其中表演艺术、名胜古迹、视觉艺术与建筑遭受的打击最大。2020年9月初，法国政府宣布将拨付20亿欧元支持艺术和文化产业，以弥补该行业的收入损失，向受到新冠疫情严重冲击的文化产业提供援助。同时，法国政府通过"数字时代文化政策协调行动"和"艺术与文化创意周"等多种形式，推动业界顺应时代，走向线上。卢浮宫和凡尔赛宫也在网上开通虚拟观光，法国收费电视频道"Canal+"在疫情期间免费开放电影、电视剧、青少儿及纪录片4个频道，《世界报》《费加罗报》等媒体全面开放疫情专题报道，提供更多免费阅读。

除依靠政府力量之外，产业的自救也在进行。法国电影行业从业者选择"抱团取暖"。疫情期间，法国UGC院线向月卡会员返还会费；当法国电影院重新开放时，"Canal+"电视台暂停播放电影，以示对院线复苏的支持。同时，水上电影院、汽车影院等观影形式正重获生机，许多电影院亦尝试通过新的放映形式吸引观众。

二、国内文化创意产业发展的现状

在法律层面，我国文化创意产业法律体系逐渐完善，立法内容基本涵盖文化创意产业相关立法需求，行业细分立法的出台使得我国文化创意产业法律体系在立法层次上更加深入。在公民知识产权便民服务平台建设方面，通过专家学者与中介企业的合作，向公众提供知识产权服务；在法律遵守与执行方面，公众保护知识产权的意识得到增强。但是，近年来侵权、抄袭现象经常出现，法律执法力度与公众知识产权保护意识需要提高。

在文化氛围层面，一般来说，文化不会直接影响到经济的增长和产业的发展，而是会通过人这个媒介实现对人的价值观、思维方式、行为方式和风俗习惯等的影响，进而提高人的素质、改善经济结构，最终实现整个社会的发展。可见，文化力已经成为综合国力的一个重要标志，未来各国或各民族之间的竞争实力将由经济实力和文化实力这两者共同决定。文化创意产业的一个特点，就在于它在高度依赖文化创新的前提下，以精神升华、心灵抚慰、愿望满足和审美创造为主体的文化经济产业形态。

我国在文化遗产总量上处于世界前列。我国是文化资源丰富的国家，具有悠久的人文历史，拥有包括神话传说、戏曲、武术、民间工艺、传统节日、地域文化、文学、中医、古建筑、衣冠服饰、琴棋书画、传统音乐、诸子百家、名山大川等文化资源的文化遗产宝库，拥有文化创意产业发展的文化基础。

不同种类的文化活动，可以让最大范围的市民感受到文化的气氛，享受到文化情趣，感受到文化艺术是生活的组成部分，从而为文化艺术的发展提供良好的氛围。

第四节　文创产品设计的发展前景

一、文化创意产品设计的发展趋势

（一）文化创意产品的设计呈现规模化

文化创意是结合地域特点和学科理论知识，通过创新设计为不同职业赋予新的文化层面的创意元素。设计师通过文化与设计产品的结合，使设计具有商品本身的价值。只有文化的附加价值增加了，传统文化才能得到更大传播。文化创意符合当今社会积极倡导的创造性经济发展模式。在中国经济快速发展的黄金时代，以文化为导向的创意经济也得到积极发展。创意经济是一个国家经济变革不可缺少的一个重要因素，创意经济的积极发展对文化创造产品具有促进作用，而现代文化创意产品正向着一种规模化的文化创意产业行业发展，而政府在其中表现出了巨大作用。政府必须大力推动文化创意产业的发展，构建良好的经济发展模式。

（二）文化创意产品的设计呈现精英化

我国传统民俗文化历史悠久，在漫长的岁月中留下无数宝贵的资产，是世界上最古老的文化之一。近年来，文化创意产业发展非常迅速，发展前景广泛，许多设计师将民俗变成研究和设计的主要内容，还有许多优秀的设计人员也加入这个行业，使得文化创意产业人才不断增加。

（三）文化创意产品的设计呈现家国情怀

文化创意产品是随着时代发展而不断发展的。文化创意产品深深根植于人们的生活中，目前我国许多展览、博物馆和咖啡馆都有其对应形式的文化创意产品。文化创意产品可以让消费者找到家的感觉，有些人可以从文化创作的产品中感受到中国文化的多样性。因此，文化观念商品是非常有价值的研究领域。

二、文化创意产品设计的研究启示

（一）文化创意产品的设计应规模化，形成体系

我国文化创意产业还处于摸索发展阶段，许多产品的设计还不够完善。产品与文化的结合依然不够紧密，尚未形成规模化的产业链。因此，人们要逐渐完善设计、制造、包装、销售一体化产业链，确保产品的广告销售平台和路线。人力资源也是文化创意产业不可或缺的要素，而人力资源的缺乏是制约文化创意产品发展的关键因素。因此，人们需要制定并实施创新设计人才选拔机制和管理模式，建立优秀的设计人才团队，为发展壮大文化创意产业提供基础。

（二）文化创意产品的设计应多元化，满足市场需求

文化创意产品在当今市场上具有广阔前景，在发展文化创意产业的同时，人们不仅要立足当下，还要展望未来，接受更先进的设计思想、更开放的理念，积极了解时尚前沿，持续关注国家政策的颁布和实施，不断努力创新，提升创意的文化价值和商业价值。

（三）文化创意产品的设计应人文化，满足消费者的心理需求

在文化创意产品设计中，文化符号是创作设计的核心，不仅是文化创意产品创作的装饰，更是本土文化的特色表现。设计师在设计时要理解使用的传统文化元素，只有发现消费者对民俗文化的独特感受，才可以制作出直接击中消费者心灵的文化创造产品，通过在设计中运用恰当的方法，使消费者感受到产品中所包含的文化理念，强调人与产品的交流。人们不仅可以展示中国传统文化，在文创产品设计中也可以使用传统文化。例如，人们用皮影戏等中国传统文化形式，表达文化创意产品，给消费者留下深刻印象及心理认同感。

第二章 始于文——文创之道

文化是人类创造活动的一种产物，是人类在历史实践中收获的物质与精神财富的总和。文化无时无刻不渗透在人们的生活中，无论是精神生活、社会生活还是物质生活，由内而外的传递使得人类在创作中会更加注重文化价值的体现。近年来，我国经济高速发展，文化创意产业大量涌入人们的生活中，包含影视影像、广告传媒、动画艺术、视觉艺术、公共艺术等领域。国家大力倡导传统文化的继承与发展。如学者所言，"文化性"是文创产品区别于普通工业产品的关键，文创产品设计实践也表现为对文化内涵厚度的追求。

第一节 文化——文创思维的底层逻辑

文创产品中的文化性是通过文创产品显现的民族传统、时代特色、社会风尚、企业或团体理念等精神信息。文化性是文创产品的核心内容，消费者对于文创产品的消费，从某种意义上来说，不仅是为了实用，更多的是为了买"一种文化"和生活方式，是一种由文化带来的情感溢价。在体验经济时代，文创产品背后承载着一种独特的文化和故事，凝结着独特的精神价值和社会内涵，需要体现文化渊源和消费者独特的价值追求。

文创产品注重文化的创新，文化创意并不意味着一定要和传统的文化结合，也可以是多元文化的创造性组合。同时，文创产品对文化的传承与创新，应当尊重文化本身的"精神内核"，切忌捏造和篡改文化。如平遥古城地图文创，做到的不仅是与古城地图形态的契合，还运用古人"以龟建城"的理念，传达吉祥、安康、坚强和永固的美好寓意。

◎始于文，忠于创　文化创意的术与道

一、文创 4.0 时代的核心要素和底层思维

因新一代信息技术、产业政策、新冠肺炎疫情、社会变迁等主要因素的叠加影响，极大地推动了文创产业新业态的快速发展，形成文创产业发展的新特征，让文创产业进入文创 4.0 时代。

文创 4.0 时代包括一个核心要素和两大底层思维。

核心要素是全面数字化，具体包括三个方面：首先，全产业门类数字化。不论是新闻、艺术、设计，还是音乐、文化园区、景区等，所有的文创产业业态都要考虑与数字化的融合。其次，全产业链数字化。从文化和旅游资源、文化和旅游创意、文化和旅游产品生产、文化和旅游营销、文化和旅游消费到文化和旅游服务，都要考虑与数字化融合，建立新的业态。最后，全产业要素数字化。从版权、人才、市场、技术、资金，甚至机制都要考虑与数字化相适应。当然，数字化不是简单地把传统资源变为数字资源，或者简单做数字营销、数字产品等，而是按照数字经济快速发展催生出的全新数字生活空间的要求，建立数字社会的运营思维系统。

两大底层思维分别是审美思维和一体化思维。

文创产业本质是审美的产业，要以审美的思维构建数字经济时代的文创产业。用审美思维构建文化旅游产业，通过创意设计和场景营造，让消费者在消费和体验具体的文化和旅游产品时发生移情效应，在大脑中生成一种"完整的、充满意蕴的感性世界"，达到消费者触景所生之"情"与身体所接之"景"，产生情景交融的效果。由于技术创新，在数字化时代，通过审美思维构建文创产业成为可能。数字化时代，人们可以对消费者和顾客进行精准画像，从而把每一个消费者作为一个具有独立思想、心灵和精神的个体，然后有针对性地进行创意、设计、生产和营销相应的文化和旅游产品，使消费者与文化和旅游产品产生共鸣。

用审美思维构建文创产业，必须做到三个"统一"。首先，意象世界与生活世界的统一。用审美思维构建文创产业，要让消费者在消费、体验文化和文创产品时产生美的意象，这个意象要与消费者期望的或经历过的生活世界产生统一或共情，价值才能发生。其次，超越与回归的统一。一方面，要超越构建者自我认知，回归商业本质——人性；另一方面，要超越过分关注产业的实用功利，回归理性价值，与目标用户产生精神共鸣。最后，真、善、美的统一。人们需要把对规律理解的"真"与激发消费者快适的"美"和在

精神领域提升人生境界的"善"统一起来，才能实现把社会效益放在首位、社会效益和经济效益相统一的目标。由此，通过对自然、社会、艺术、科学、技术等方面美的解构与创造，传达出优美与崇高、沉郁与飘逸、空灵与无言等不同的审美意象。

在数字技术快速发展的背景下，一体化思维成为文创4.0时代文创产业发展中必须做好的底层思维逻辑，具体要做到三个"一体化"。首先，资源、创意、生产、营销、销售、投资、服务等一体化策划。文创产业发展的前期，要做好一体化的顶层设计，要把运营前置到策划阶段，避免走弯路。其次，城市、行业、类别、企业等文化资源一体化运营。文创产业的发展，要做城市文化的代表、行业文化的代表、时尚文化的代表，在运营前期必须把能整合的文化资源进行全面整合，实现多赢局面。最后，目标客户、供应商、投资者、竞合企业、标杆企业等相关利益者的一体化战略。一方面，要全面调动产业链各相关利益者参与产业生态互动的意愿构建一体化战略；另一方面，把这些利益相关者作为价值创造的生命共同体进行整合，使之成为创意者、营销者、销售者等多重身份合一的价值伙伴。做好以上三个"一体化"，才能统筹策划与运营、兼顾自身与行业、协调内部与外部，使产业按照数字化时代要求进行发展。

二、深挖文化土壤让产品再度升级

近年来，越来越多的学者开始发掘文化，通过赋予其相关意义，使其充满价值，具有独特的品质与内涵，也让文创产品走进大众视野，受到人们的欢迎，融入人们的日常生活，成为促进经济发展与文化融合的有效载体。时至今日，人们可以穿着古风服装行走在大街小巷，也可以将充满文化创意的产品摆放在街头进行售卖，包括手机壳、箱包、水杯等涉及人们日常生活的方方面面。琳琅满目的文创产品让文化创意与实体紧密结合，将历史与现实紧密相连。

文创产品的产生离不开文化的创新与深厚的文化内涵，也离不开市场的繁荣以及相关政策的支持。文创产品作为商品，必须实现艺术性与功能性的有效统一，符合现代社会以及不同人的审美需求，激发人们浓厚的文化兴趣，赋予更多有益的文化内涵，让文化更加接地气又实用，自然而然地赢得人们的赞赏与青睐。当前，各类文创产业正在产生与发展，起步良好，要营造更加繁荣的文化产业局面，需要从文化的自然环境与时代条件出发，更深层次地挖掘文化内涵，突出文化特色，以提升本身品质为目标，将更多特色文化融入文创产品，创造出更大的文化市场，促进地方经济文化健康有序发展。

三、文创产品的文化自信

近年来，文创产品出现了思路歪斜、流于表面而不重视传递内核的现象，用一句俗话形容是"跑偏了"。盲目跟风，重外轻内，文化意图不明，依葫芦画瓢，这些问题实实在在地存在于现阶段的文创市场中，急需赋予它们正向引导。文创其实是一个门槛较高的行业，是对文化认知、设计能力、艺术品位及审美的综合考量。在文创产品开发上，不仅要有创意思维的更新和艺术审美的基调，更要有源自中华民族文化自信的沉淀。现阶段，文创产品的文化来源主要侧重于中华优秀传统文化，如故宫文创、敦煌文创以及《大圣归来》之类的动漫影视等标杆案例，专家学者的研究也集中在传统文化在文创产品的重塑上。但是，中华民族的文化广阔而深远，文创产品的创意来源也远不止此，还有更深更广的内涵等待人们挖掘。中华文化是中华儿女共同的精神基因，提升人民的文化自觉和文化认同是实现文化自信的基础。

（一）文化自信的实质分析

1. 文化自信的"中国底气"

历史发展证明，一个国家和民族的文化自信是需要底气的。牢牢坚守和不断深化中国特色社会主义文化自信，人们的底气来自中华优秀传统文化的生命力和在当代中国创造的灿烂之花，来自传统文化博大精深的丰富性与和而不同的包容性和创造精神，来自体现自强不息民族精神的红色文化的革命性、社会主义文化的先进性和导向性。

文化自信需要底气，这种底气从哪里来？当代中国共产党人与中国人民的文化自信的底气在传统文化中，也在现实中，更是基于越来越宽广的中国特色社会主义道路，基于中国特色社会主义取得的伟大成就。文化自信本质上是对核心价值观的自信，并在此基础之上延展为对道路、理论和制度的自信。任何发展道路、理论学说、制度模式，离开了丰厚文化滋养和核心价值观的支撑，就如无源之水、无本之木，无所归依。只有把文化自信的底气放

第二章 始于文——文创之道

在当代中国改革开放40多年的整体环境中，尤其是放在道路自信、理论自信、制度自信与文化自信的"四个自信"逻辑体系和辩证关系中，人们的底气才能植根于民族的肌体中，才能展现昂扬自信的精神风貌，更坚定地走在新时代中国特色社会主义的宽广大道上。

近百年的历史证明，如果没有中国共产党，就没有重振中华民族和中华文化有组织的政治力量，就不能找到重新树立文化自信的道路。如果中国仍然保持旧的社会和旧的制度，中国就不能是繁荣昌盛的社会主义的中国，就没有现在的文化自信的底气。文化自信的底气和文化自信是一体两面的关系。高度的文化自信表明人们文化底气十足，而文化底气越足，越能强化人们对文化自信的自觉性和坚定性。人们的文化自信底气正是来自中国共产党的正确领导。

文化自信的"中国底气"还来自人们始终坚持和发展马克思主义，善用马克思主义的思想武器剔除"文化糟粕""文化毒素"的能力，用马克思主义激活中国传统文化，从而在接受外来文化进程中保持民族本色的文化定力，让精神的力量转化为中国革命和中国特色社会主义建设的持续动能。马克思主义为中国革命、建设、改革提供了强大的思想武器，使中国——这个古老的东方大国创造出人类历史上前所未有的发展奇迹。正是马克思主义与中国实际相结合，才激活了中华文化蛰伏在深处的力量，也只有在马克思主义思想指导下，中国特色社会主义制度的自信才能找准根本性的正确方向。

基于上述认知，人们才能深刻理解"四个自信"的理论与实践基础，以及为何说文化自信是道路自信、理论自信和制度自信的应有之义。中华民族在几千年的历史进程中创造出灿烂的中华文明，为人类文明进步做出重大贡献。中华民族五千年的传统文化精神内核与中国现实相结合，使人民历史性地选择了中国共产党，并在党的领导下形成和发展中国特色社会主义制度，取得中国特色社会主义事业的巨大成就。

中国特色社会主义道路是实现社会主义现代化、创造人民美好生活的必由之路。中国特色社会主义理论体系是指导党和人民实现中华民族伟大复兴的正确理论，中国特色社会主义制度是当代中国发展进步的根本制度保障，中国特色社会主义文化是激励全党全国各族人民奋勇前进的强大精神力量。历史已经证明并将继续证明：只有社会主义才能救中国，只有坚持和发展中国特色社会主义，才能实现中华民族伟大复兴。这种底气由内而外，脉动上下，齐心协力，一往无前，不断创造人类社会的新奇迹。这来自道路自信、理论自信、制度自信,更来自文化自信。

2. 文化自信的"中国建构"

中国特色社会主义进入新时代,必须与时俱进建构新时代中国特色社会主义文化,用新的道路成就、理论创新、制度成果深化文化自信,不断把社会主义文化强国建设推向新的高度。总的说来,要以习近平新时代中国特色社会主义思想为指导,精准把握新时代文化建设的定位和目标要求,大力弘扬以爱国主义为核心的民族精神、以改革创新为核心的时代精神,进一步展现文化的强大价值引导力、凝聚力和引领力,以文化建设的高质量促进社会主义文化繁荣兴盛,如期实现建成社会主义文化强国的目标。

时代是思想之母,实践是理论之源。新时代,文化自信的"中国建构"必须与时俱进,坚持马克思主义,发展面向现代化、面向世界、面向未来的,民族的、科学的、大众的社会主义文化。党的十八大以来,以习近平同志为核心的党中央提出一系列治国理政的新理念、新思想、新战略,围绕加强思想文化建设、振奋起全民族的"精气神",提出一系列新思想、新论断,极大地丰富了思想文化建设的时代内涵。习近平总书记在关于文化自信与文化建设的系列论述中,把坚定文化自信作为关乎国运兴衰、文化安全与民族精神独立性的大问题来看待。

在党的十九大报告中,习近平总书记对坚定文化自信、推动社会主义文化繁荣兴盛进行了庄严宣示:发展中国特色社会主义文化,就是以马克思主义为指导,坚守中华文化立场,立足当代中国现实,结合当今时代条件,发展面向现代化、面向世界、面向未来的,民族的、科学的、大众的社会主义文化,推动社会主义物质文明和精神文明协调发展。这些重要讲话和论述为实现"中国梦",再造中华文化的新辉煌提供了战略指引。面向新时代,坚定文化自信,我们要始终以马克思主义为指导,牢牢掌握意识形态工作领导权,大力推进马克思主义的中国化、时代化、大众化,建设具有强大凝聚力和引领力的社会主义意识形态,使全体人民在理想信念、价值理念和道德观念上紧紧团结在一起,推动新时代中国特色社会主义思想深入人心。

新时代,文化自信的"中国建构"是中国特色社会主义理论的新探索和新发展,是"四个自信"理论体系的内容深化,直接指导人们建设社会主义文化强国的路径与行动。这种建构必须来自三个维度的支撑,即历史维度、现实维度和未来维度,也就是不忘本来、吸收外来、面向未来。

三个维度的支撑，首先，起因于文化的发展是一脉相承的，文化自信来自文化传统、民族精神。中华优秀传统文化是中国特色社会主义植根的文化沃土，对延续和发展中华文明、促进人类文明进步发挥重要作用。中国人民的特质、禀赋不仅铸就了绵延几千年发展至今的中华文明，而且深刻影响当代中国的发展。中国人民在长期奋斗中培育、集成、发展起来的伟大民族精神——伟大创造精神、伟大奋斗精神、伟大团结精神、伟大梦想精神，为中国发展和人类文明进步提供了强大的精神动力。

其次，每个时代都有属于这个时代的文化内涵，只有以富有时代精神的文化理想、文化自觉观照历史文化资源，才能使之永葆活力。在新时代的伟大征程中，坚守和深化文化自信，必须立足当代中国现实，将行动具体地贯彻到对中华优秀传统文化的传承弘扬中，贯彻到对革命文化和社会主义先进文化的继承发展中，贯彻到对世界优秀文化成果的借鉴吸收中，正确处理"守"和"变"、"中"和"外"的关系，做到不忘本来、吸收外来、面向未来，才能更好地构筑中国精神、中国价值、中国力量。当然，历史文化、传统文化虽然是文化自信的重要源流，可以强化自信，却不能决定自信。只有现实化的历史文化，或者被转化为可以掌握的历史普遍性的精髓，才能确立自信并最终决定自信。因此，文化自信的"中国建构"必须坚持科学的态度，挖掘传统文化资源和价值，去粗取精、去伪存真，推陈出新、古为今用。同时，要倍加珍惜利用中国共产党领导人民创造的丰富的革命文化资源，更好地建设和发展社会主义先进文化。吸收外来，就是以开放包容的自信心态，以更加宽广的胸怀，与世界先进文化、文明对话，吸收优秀的人类文明成果，进一步增强中华文化的影响力。

不忘本来，才能从容吸收外来，本来在吸收外来中更加深化。中国特色社会主义文化源自中华民族五千多年文明历史所孕育的中华优秀传统文化，熔铸于党领导人民在革命、建设、改革中创造的革命文化和社会主义先进文化，植根于中国特色社会主义伟大实践。党不断深化的文化自觉和文化自信，就是要通过高扬中华文明、中华文化自信，以新时代中国特色社会主义的伟大实践重塑文化道统与文化觉悟，在博大深厚的民族文化血脉中建构新的民族精神与文化精神。

世界近现代史上的大国崛起，主要是思想文化的进步、经济的强盛、体制的创新以及寻找到一条适合本国发展的道路。改革开放以来，中国经济快速发展，已经成为世界第二大经济体，处于大国崛起过程中，正从文化大国走向文化强国,但文化地位与经济发展水平还很不相称,需要不断发展、推陈出新。以什么样的态度对待外来文化,实际上是考验着一个国家的文化自信,越是自信,越能够以积极的态度对待外来文化,在同外来文化的互动交流中丰富发展本国文化。

不忘本来、吸收外来、面向未来,三者的关系在实践中是互动的、融合的,不断深化文化自信的内涵。进入新时代,实施文化自信的新方略,重在实践创造,只有在新全球化的大势和世界文明秩序重构中把握我国文化发展前景,展示发展新优势、创造文化新天地,才能在实践创造中进行新的文化创造,实现文化发展的新跨越,为世界文化的发展做出中华文化的新贡献。因此,从本土的文化自信到世界性的中华文化自信,是社会主义文化自信的重要建构路径,这种建构过程永远都在进行,永无完成时。必须清醒地认识到,文化自信必须建立在文化自强、民族自强的基础上,在国际交流互动中,弱者无法表达自己,只能被别人表达。全球化背景下的文化自信实践,不仅要开放,让外来文化"进得来",还要让自身文化"出得去",在国际舞台上加强文化交流互动,在国际融入实践中培养和彰显文化自强和文化自信。进入新时代,人们更要善用国际化传播语系讲好"中国故事",展现中华文化魅力,体现丰富的文化张力。

近年来,我国在海外大力布局中华文化"名片"——孔子学院,已产生较好的"活态化"传播效应。随着中国对世界经济贡献度越来越大和"一带一路"的推进,中国企业的新型服务产品大踏步地走出去,带给国际社会的就业岗位迅速增长,带动世界范围内的中文学习热,也有助于提升中国文化软实力,从另一个侧面促进文化自信的全方位建构。

3. 文化自信的"中国力量"

改革开放 40 多年来,中国特色社会主义取得了举世瞩目的成就,走出发展中国家特有的"中国道路",为整个世界的经济发展与社会治理贡献了"中国力量"。中国特色社会主义道路、理论、制度、文化不断发展,拓展了发展中国家走向现代化的途径,给世界上既希望加快发展又希望保持自身独立性的国家和民族提供了全新选择,为解决人类问题贡献了中国智慧和中国方案。中国对世界的这一历史性贡献,让人们更加坚定了道路自信、理论自信和制度自信,以及最根本的文化自信。

文化自信作为更基本、更深沉、更持久的力量,将进一步推动道路自信、理论自信和制度自信。以文化自信为支撑建设现代文化体系和社会主义核心价值观，并在此基础上提升文化影响力和文化软实力，是中国走向文化强国和现代化建设的根本战略。树立起新时代的文化自信，要加快建立起中国特色社会主义的文化价值体系，全方位发挥文化立世、文化兴邦的功能，在世界范围内进一步彰显中国精神、中国价值、中国力量，以社会主义文化强国的建成，托起中华民族伟大复兴的"中国梦"。

党的十八大以来，以习近平同志为核心的党中央，团结带领全党全国各族人民，紧紧围绕实现"两个一百年"奋斗目标和中华民族伟大复兴的"中国梦"，坚持和发展中国特色社会主义，统筹推进"五位一体"总体布局、协调推进"四个全面"战略布局，迎难而上，开拓进取，取得了改革开放和社会主义现代化建设的历史性成就，解决了许多长期想解决而没有解决的难题，办成了许多过去想办而没有办成的大事，推动中国共产党和国家事业取得历史性成就、发生了历史性变革，使中国特色社会主义进入新时代。从"三个自信"到"四个自信"是我党总结百年来团结带领中华民族和中国人民进行不懈奋斗的实践历程和历史经验的战略抉择，是立足当下并面向未来对中国特色社会主义内涵的总体性、主体性和普遍性的科学诠释与深刻把握，标志着中国特色社会主义达到一种更新、更高的整体自信水平。

中国共产党是一个以文化为基础、以文化立党治国的政党，更是关心主导中国未来前途命运的力量。面向未来，开启建设社会主义现代化建设的新征程，并日益走进世界中心，起决定作用的"中国力量"一定是基于文化自信的精神力量，以及这种力量托起的文化软实力。中国特色社会主义文化是激励全党和全国各族人民奋勇前进的精神力量，也应是全世界都认同的具有普遍意义的现代社会的文化价值体系。未来，"中国道路"对世界的贡献不仅是经济增长、制度独特，还有整体提升社会文明程度的文化建设、文化创造的力量，由此进一步增强中华文明、中华文化的自信，不断揭示基于中国道路的中国文化价值对于世界的普遍性意义。

文化自信是道路自信、理论自信和制度自信的内在要求和必然结果。道路自信、理论自信和制度自信都是偏外在的，而文化自信是倾向于内心和价值观，这种自信能够使人真正地"心悦诚服"。赋予中国特色社会主义道路普遍性的文化意义，有助于人们在推动全球治理体系变革中发挥应有的文化担当。当今世界，随着经济全球化、社会信息化及文化多样化的深入发展，

◎始于文，忠于创　文化创意的术与道

全球治理体系和秩序变革加速推进，世界面临的不稳定性、不确定性突出，已经没有哪一个国家能够独自应对人类面临的各种挑战。"人类社会向何处去"成为世界共同的困扰。在这种背景下，加快构建"人类命运共同体"，推动经济全球化朝更加开放、包容、普惠、平衡、共赢的方向发展成为一种共识。由此，习近平总书记提出的基于和平、共享、互助，促进文明交流和经济社会共同进步的"人类命运共同体"理念，对全球各国认知中国在全面崛起后坚持和平发展道路，起到文化理解与尊重的作用。

只有树立地位平等、相互尊重的文化心态，才能在建设社会主义文化强国过程中壮大中国文化在全球的影响力，提升对世界文明、现代文明发展的文化贡献度，在参与全球治理和文明秩序重构中展现文化自信和文明担当，在持续提升道路自信、理论自信和制度自信中，激发人们的创新激情和社会创造力，有效提升文化带来的创新激励对国家创新驱动的贡献，不断增强国家文化软实力和文化凝聚力，让全世界共享中国文化和国家治理经验，进而建立起全球广为接受的现代国家治理理念和文化价值体系。

担负新的文化使命，在实践创造和文化创造中展现"中国力量"，关键是凝聚文化建设主体力量，激发全体人民的创造精神，始终让中国特色社会主义文化成为激励全党全国各族人民奋勇前进的强大精神力量。改革开放以来，我国创造了举世瞩目的经济社会成就，国家兴旺必然带来文化兴盛，文化的兴盛则为国家的发展带来更基本、更深沉、更持久的力量。

随着我国社会主要矛盾已经转化为人民日益增长的美好生活需要和不平衡、不充分发展之间的矛盾，人们未来的发展必将大力提升发展质量和效益，更好地满足包括文化建设、文化消费在内的人民的一切精神生活需要，更好地推动人的全面发展和社会全面进步。在推进社会主义文化建设行动中，充分认清并加快解决不平衡、不充分的社会基本矛盾，可以有效促进文化事业、文化产业发展，满足人们在文化上的更高需求，同时构建社会主义核心价值体系，充分发挥文化的多重功能，在文化自信建构中有效提升经济的发展质量和社会文明程度以及人民的幸福感，进一步促进全社会的道路自信、理论自信和制度自信，为建设社会主义现代化强国提供持续动能。

中国人民是具有伟大创造精神的人民，是具有伟大团结精神的人民，是具有伟大奋斗精神的人民，是具有伟大梦想精神的人民。有这样伟大的人民，有这样伟大的民族，有这样的伟大民族精神，是我们的骄傲，是我们坚定中国特色社会主义道路自信、理论自信、制度自信、文化自信的底气，也是人们风雨无阻、高歌行进的根本力量。在推进中国特色社会主义伟大事业、实现中华民族复兴的伟大梦想征程中，人们要以坚定的文化自信为依托，担负起新的文化使命，不断巩固中国特色社会主义的共同理想，进一步突出文化自信在"四个自信"中的地位和本质要求，把中国特色社会主义文化转化为激励全党和全国各族人民奋勇前进的精神力量，通过进行伟大斗争、建设伟大工程、推进伟大事业，在实践创造中进行文化创造，在历史进步中实现文化进步，如期实现中华民族复兴的伟大梦想。

（二）文化自信要素在文创产品案例中的体现

就目前情况来看，文创产品大多在追寻传统文化的脚步，虽然目前产品的口碑也不错，但中国红色革命文化和社会主义先进文化在文创产品中的体现相对单薄，优质案例欠缺，因而在大众文化意识中，文化旗帜树立得还不够鲜明。对于文创产品的未来发展，要对文创思路进行拓展、对文化认同进行加强，同时促进文创产品的可持续发展。另外，在选择文创产品的文化来源时，将文化自信的三要素系统地贯穿其中。

1. 中华优秀传统文化的传承与发扬

2021年河南春晚凭借《唐宫夜宴》这一舞蹈节目成功"出圈"，获得极大关注。这个舞蹈时长仅为5分钟，参与演员仅有14人，但整个舞蹈在少女的嬉笑怒骂间尽显大唐风华，有时活泼，有时严肃。唐宫庄严肃穆，其中藏着如贾湖骨笛、莲鹤方壶、妇好鸮尊、簪花仕女图、捣练图等"宝物"，观众看到的"博物馆奇妙夜"既生动又形象，这些"宝物"也成功地"活"了起来。2021年河南春晚播出之后，受到舞蹈《唐宫夜宴》影响，河南博物馆的参观人数暴涨四成以上，成功跻身河南新晋"网红"打卡地。

撇开春晚流量及其他因素，就单纯对《唐宫夜宴》这一舞蹈作品进行仔细分析可以发现，其不同于传统的舞蹈作品，除了有音乐、舞蹈、美术等必备元素之外，还有一些设计、5G和AR技术融于其中。可以说，《唐宫夜宴》是一个文化创意产品而非简单的舞蹈。《唐宫夜宴》的主角雏形源于河南博物院的藏品——彩陶伎乐女俑。彩陶伎乐女俑的形象十分生动，她们手持着钺、琵琶等，姿态各不相同，共同构成一幅小型的演出现场画面，别开生面。舞蹈编导围绕千年前的陶俑做足了文章，成功"复活"了她们，还为她们增添很多唐代造型符号。这些源自唐代的精美藏品和画卷作为传统文化瑰宝，拥有丰富的传统文化内核，同时用现代科技加以辅助，从而迸发出了巨大能量，这份能量借助于春晚这一舞台快速传递出来。

传统文化源远流长，已经在华夏大地流转了数千年，作为一种文化要素，可以说最容易使人产生认同感和共情感。所以，文创产品的设计人员要对中国各个地区的民族文化、地域文化、历史文化、文学艺术进行深入了解、横向比较选择，然后深入、纵向地对文化载体进行具体选择，如选择哪座历史名城、哪个历史人物、哪段历史事件等。只有横向选择方向、纵向挖掘内容，才能使文创产品真正具备扎实的、经得起推敲的内涵。取材自传统文化的文创产品像一座桥梁，将传统文化和现代审美连接到一起，对优秀的传统文化自信进行弘扬，必须将传统文化和现代审美结合到一起。

2. 红色革命文化的坚守与弘扬

2021年是中国共产党成立100周年，国人要正确认识和弘扬党的精神。没有中国共产党的领导，中国就不可能走向独立、民主、文明、富强。中国今天的富强，正是得益于中国红色革命文化的滋养。对于国人来说，这种文化必须珍惜，也必须传承和坚守。所以，在文创产业的开发过程中，与红色革命文化相联系既符合当下时代要求，也能借此使中华民族的凝聚力得到有效增强。

近年来，我国围绕红色文化的各类文创赛事活动越来越多，很多优秀作品脱颖而出，并落地实施，使红色文化经济得到一定发展。2020年，上海举办的红色文化创意大赛出现过一套非常新颖且美观的文创产品，其围绕的主题是"新青年"，灵感源自《新青年》杂志。上海是富有光荣革命历史传统的城市。1915年，陈独秀创立《新青年》杂志就是在上海，中国共产党第一次代表大会的召开地也是上海。在历史课本上，"新青年"这个词非常显著，在人们的脑海里也留下了深刻印象。设计师在当下生活中完美融入革命时代颇具代表性的文化符号，使人们时常能够感受到积极向上、开拓进取和革故鼎新的精神，也给予年轻人更多的激励，告诫他们要不忘初心，继承革命传统，艰苦奋斗。

3. 社会主义先进文化的关注与践行

随着社会的发展，人民的精神需求也在日益增长，需要紧跟时代潮流，了解掌握人们的思想动态，在进行文化供给时尽可能做到更有保障、更充实、更持续。在中国文化中，社会主义先进文化是其中的精华部分，不仅将现代科学、民主的精神融入其中，还借鉴其他民族的优秀文化。可以说，社会主义先进文化是面向世界、面向现代化、面向未来的文化，对设计者提出很高的要求，他们要积极洞察国家发展的未来奋斗方向和目标，紧跟时代步伐，紧紧跟随国家先进文化方向，才能在文化产业发展中融入社会主义先进文化，做好创新和创造。

在扶贫助农方面，有一个非常成功的案例——山药麻花，由两个文化品牌"豫游记""山田海里"联合推出。这个项目是温县的一个扶贫助农计划。作为铁棍山药产地，温县的扶贫助农计划项目在性质上不再是小零食，而是土特产。同时，文创品牌在包装和视觉形象上也下了很大功夫，进行创新升级，土特产成为快销品，深受消费者喜爱，也实现了将助农行动落在实处，通过群众的购买活动，倡导"扶贫助农，人人有责"的理念。

第二节　文化的地域性与本土性特征

衡量一个设计的好坏可以从两点出发，即民族文化性和国际识别性。国外设计各具特色：德国注重简约，以黑灰白为主色调，强调理性的同时又极具功能性；日本设计在一静一动间尽显禅意，质朴且贴近自然，讲究实用性；斯堪的纳维亚半岛地区的设计被誉为民族特色设计的代表，主要是因为其设计除了具有民族特色以外，还巧妙地把传统材料与手工艺制作结合起来。反观国内，在国际文化交流平台大背景下的文创产业，需要思考的方向有很多。例如，如何凸显当地民族特色文化、怎样打破传统用国际化的思维多维度地展开、如何体现文化底蕴、如何让不同国家和不同文化背景的人都能很好地理解中国元素，并感受到中国文化内涵，认同中国文创设计。

一、地域性

地域文化一般指特定区域源远流长、独具特色，并发挥作用的文化传统，是特定区域的生态、民俗、传统、习惯等的表现，它们在一定地域范围内与环境相融合，因而打上地域烙印，具有独特性。地域文化中的"地域"是文化形成的地理背景，依据当地的地域特征进行设计就是所谓的地域性设计。这样的设计把传承的文化资源与当地的地域环境结合起来，从本质上说，也是一种生态性设计。

不同的地域显然有不同的文化环境，赋予的文化形态也不同。同为华夏文明的长江和黄河流域所呈现的文化也不尽相同；同是长江流域代表的荆楚文化与赣皖文化也不一样；荆楚文化又可以细分为屈原文化、三国文化等。地域性设计的理念一定是围绕人开展的，结合当地传统文化和审美标准，同时让不同地区的人感知文化审美间的差异。在设计产品过程中融入当地的风土人情和自然面貌，凸显当地文化个性，然后找出共性。如今，许多的文创产品过于雷同，是因为对文化的解读只存在于表面，没有透彻地发掘其文化内涵。当然，也有值得称赞的例子，在有着"陶都"之称的吉林，文创产品"独钓寒江雪"利用当地"特产"吉林钦瓷为原材料，纹饰则用"夜看雾，晨看挂，待到近午赏落花"表现吉林雾凇因时间变化之美。

二、本土性

艺术虽由人而生，人却脱离不了伟大的民族和民族文化。以鱼为例，中西方对其的理解就存在差异。鱼在西方国家中通常为贬义词，在口语中通常会用鱼来比喻冷漠的人、倒霉的人等，而鱼在中国寓意着美好的事物。所以，设计师在设计作品时会赋予其特殊含义并加以丰富的想象。民族指一群人在文化、语言、历史或宗教方面与其他人群有所区分。一般来说，一个民族在历史渊源、生产方式、语言、文化、风俗习惯以及心理认同等方面具有共同特征。在作品风格上，民族性越强，越会被世界认同。只有把民族文化的独特之处彰显出来，才能使文化形式多样化。表现突出的有贵州彝族漆器、湘西土家族织锦等，各有特色，尽态极妍。

相较于其他民族文化的不同，中华民族优秀传统文化经过几千年的历史连绵发展，孕育了博大精深的中华文化，创造出"天人合一""自强不息""重民本""和合与中"的民族精神。

不同的民族所表达的文化特性不同，设计师在设计产品前，应该着重抓住民族文化的精神内核，找到共性与个性。设计师在对文化元素进行提取时，应对民俗故事、纹饰、器物等进行分类梳理，在尊重民族习惯的前提下进行挖掘，设计出具有民族风情的产品，更好地弘扬和传承民族文化。

第三节 文化保护与传承

文创产品是承载文化的优良载体,随着国家的重视、大众的关注,我国致力于开发文创产品的各类文化场所正与日俱增。但经过调研,市面上部分文创产品出现文化属性不足、同质化现象严重、盲目追求经济效益等问题。文创产品应当更注重文化的传承,使消费者通过产品认识文化、了解文化。

一、文创产品中文化传承的重要性

我国在注重经济发展的同时,同样注重文化传承与发展。2016年文化部等颁布的《关于推动文化文物单位文化创意产品开发的若干意见》强调,文创产品开发应当深入挖掘文化资源的价值内涵和文化元素、广泛应用多种载体和表现形式、实现艺术性与实用性的有机统一,且始终把社会效益放在首位,实现社会效益与经济效益相统一。不难看出,在文创产品的设计与开发中,要时刻注意突出文创产品的作用——继承与发扬文化,且以文创产品为载体进行文化传承,是响应政府号召、顺应时代趋势。

所谓传统文化,是由文明演化汇集成的一种反映民族特质和风貌的文化,是各种思想文化、观念形态的总体表现。世界各地、各民族都有传统文化。

中国传统文化与现代文化创意设计的融合,其关键是在融合基础上再造文化精魂,这主要表现在以下方面:

第一,深入挖掘根本。传统文化是中华民族文化的精髓,也是民族精神的象征,表现中华民族独特的审美心理、民族特色和文化创造力。只有深入挖掘传统文化的根与魂,再将其融入现代文化创意中,才能立本开新,才能使中华设计自信挺立于世界设计之林。

第二,全面实现系统创新。从材质、工艺、艺术语言、思想内容等方面,找到与当代生活的血脉联系,积极开发基于传统文化产品工艺、富有文化内涵的现代文创产品,让传统文化走入当代生活,满足民众精神和审美的需求。特别是要强化现代设计理念的导入和手段的应用,结合现代生活需求,改进设计,改良制作,改善质量。

第三,将传统文化推向全面振兴的时刻。中华传统设计承载民族的文化精神和造物智慧,是千年流传的文化珍宝,是依然存活在人们身边的活态文化。在工业化和城镇化背景下，传统文化作为国民乡愁载体、文化生态再造要素以及文化产业的创意源泉的价值日益凸显；在伟大的复兴"中国梦"的战略格局中，传统设计工艺与文化作为工匠精神载体和文化国际名片的价值日益显现。业界的坚守，政府的扶持，学界的情怀，社会的认同，正在合力将传统文化推向全面振兴的时刻。

传统文化丰富的艺术手法和形式有着深沉、恢宏、灵秀、简约、质朴和精致等特点。将传统文化中的优秀形式及元素应用于现代创意产品设计中，不仅可以实现质量的提高，还可以提升品位。

二、文创产品中文化传承的必要性

文创产品与普通产品的差异在于文化意义与创新性，文创产品在文化传承方面能起到更多的积极作用。

（一）文化传承可提升文创产品主体的社会价值

不同场景下的文创产品具有不同的作用与意义，若基于文化承载场景进行分类，可分为文化场馆文创产品、科技场馆文创产品、文化景区文创产品、工业旅游文创产品、公共娱乐场所文创产品五类（图2-1）。

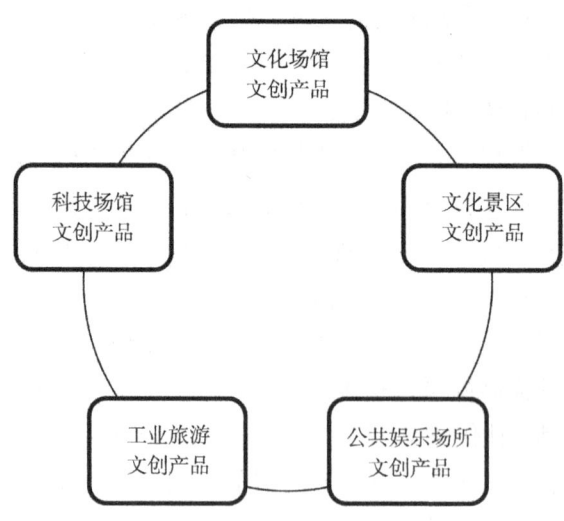

图2-1　基于文化承载场景的文创产品

1. 文化场馆文创产品

以博物馆为代表的文化场馆，是输出我国优秀历史文化的重要场所。文化场馆应顺应时代发展趋势，改变传播优秀文化的方式方法。因此，文化场馆文创产品的功能主要集中在传播文化价值和历史知识普及等层面。在销售文创产品的同时，完成对优秀文化的输出。

2. 科技场馆文创产品

科技馆是以展览教育为主要功能的公益性科普教育机构。科技场馆以科学文化传播为主要目的，生动趣味的整体体验更容易被大众接受。部分科技场馆巧妙运用文创产品，将较多晦涩难懂的科技知识进行适度简化，在保留特有科技感的同时，以趣味性产品的形式进行表达，传递科技文化的同时，在一定程度上展示出科技场馆严谨、权威的形象。

3. 文化景区文创产品

文化景区主要指古代遗留至今且具有丰富的文化历史价值的文物古迹。颐和园作为现今保存最完整的清朝皇家行宫御苑，其开发的文创产品以"创新+设计"的模式和手法，将文物、建筑、植物、动物等文化元素与历史性、知识性、艺术性、实用性和趣味性进行结合。随着互联网等信息传播形式的增多，大众的娱乐方式也不再单一，文化景区本身具备深厚的文化底蕴，加之如今越来越多的文化景区开始关注文化传播的作用，文化景区通过线上商店以"云旅游"的方式吸引消费者，消费者被文创产品吸引并购买后，即使消费者没有去过景区，也能通过优秀的文创产品设计，使消费者了解相关文化，逐步提升文化景区在民众心中的综合影响力与社会价值。

4. 工业旅游文创产品

工业旅游是伴随人们对旅游资源理解的拓展而产生的一种旅游新概念和产品新形式，近年来得到我国部分企业的重视。"北京首钢工业文化景区"是我国第一家以工业文化遗存为特色的主题文化园区，其自制盐汽水经过包装设计一新，作为首钢防暑降温的指定饮品，受到广泛欢迎。除此之外，1919百年首钢中秋糕点礼盒也因首钢文化元素得到消费者的关注。

通过工业旅游，消费者能够亲身了解生产制造工艺，伴随而来的工业旅游类文创产品，不仅能够促进消费者感受工业氛围，还能传播企业的品牌形象。品尝独具特色的文创美食、体验工人的工作生活，感受到视觉感官的双重体验，更从味蕾上使文化深入人心。

5. 公共娱乐场所文创产品

公共娱乐场所是向公众开放的各类休闲场所，如影剧院、餐饮场所、游乐场所等。以游乐园为例，"邯郸方特国色春秋"主题乐园，运用高科技表现形式展现邯郸的地域文化，使乐园充满浓厚的文化气息，内设商铺的特色商品中，不乏传统文化与非物质文化遗产深度融合的文创产品，且结合自有IP"熊出没"，使其与乐园的欢乐氛围相得益彰。华强方特总经理徐世友曾表示，方特打造"文化＋科技＋旅游"的概念，通过销售文创纪念品实现文化传播与经济效益的最大化。

即兴消费是一种难以预测的消费行为，这种行为的产生除了包含消费者自身的情感因素外，更离不开外界因素的间接刺激。对于更容易产生即兴消费的公共娱乐场所，文创产品可以满足游客的即兴情感消费需求，更能以多种形式展现独特的娱乐文化内涵，让游客的体验在无形中多了一番精神享受。

（二）文化传承可提升文创产品主体的经济价值

文创产品能够带动经济价值，能够传播各类特色文化，能够间接促进游客的观赏游览，带动主体场景的经济收益。例如，恭王府与众多年轻、时尚的品牌进行合作，挖掘"福"文化的精髓并进行深度开发。目前，恭王府线上淘宝店、线下馆内商店在售商品种类近1000种，每年销售额达数千万元。恭王府通过文创传递独有的"福"文化，取得了可观的社会效益。由于其社会价值提升，使得游客数量增多、文创销售数量增多，也令恭王府取得了一定的经济效益。恭王府案例证明，只有在做好文化传承、借助文化提升社会价值后，文创产品才会带来一定的商业经济价值。

第四节 文化基因的挖掘

一个创新型的项目需要持之以恒的研究与挖掘,文化基因研究就是这样一类项目,是科技和文化相融合的具体表现,特别是其对文化遗产能够进行表征与量化提取,最终实现组合与应用。

道金斯在1976年撰写的《自私的基因》论著中,前几章主要讲自然界的生物基因"gene"具有重复复制的含义;论著最后几章提到人类社会也存在一些模仿,并提出一个词"meme",作为社会领域中的符号构造物,它在向下传递过程中产生类似于生物学基因的复制、传递、选择、突变等特征。因此,发明"meme"一词是相对"gene"的概念。这个概念与文化要素有区别,文化要素是分析性结构,而文化基因是一个历史流传、复制和改写,甚至将来能在其他组合中找到痕迹。

众所周知,敦煌石窟非常有名,是一个文化基因库,壁画中的香草图案以及佛手印图案,不仅具有宗教含义,还具备舞蹈艺术。我国可以从文化基因的角度进行提取,然后分析对比。相比56个民族图案,也存在许多经过流传和漂移的文化元素,这些文化元素不仅具有理论研究价值,更具备市场应用前景。

一、"基因-文化共同演化"的概念

曾经,美国市场上的牛奶与一条广告词"人人需要牛奶"一同出现,这很抓人眼球,但不是真的。大多数人不仅不需要牛奶,甚至无法容忍。世界上的许多成年人缺少消化牛奶中乳糖所必需的酶,如果他们喝了牛奶,乳糖将不会被吸收,而是会被细菌发酵,令人产生胀气和腹泻。直到20世纪60年代,人们才发现这一点,从而认识到科学家是如何受到他们的文化背景所误导——大多数营养学家来自成人乳糖不耐受症发生率极低的国家,说明演化在生物医学中多么不受重视,即使只有适应主义思维,也会想到是消化牛奶的能力不正常。因为乳糖往往被用作哺乳动物的"婴儿食品"。乳糖一般只在母乳中存在,成年哺乳动物不需要能够分解乳糖的酶。所以,一向节俭的自然选择在所有哺乳动物断奶后就停止了这种酶的生成,这一点毫不令人奇怪。大多数人都表现出哺乳动物的标准发展模式:他们还是婴儿时能消化乳汁，长大后则失去这一能力。真正的演化之谜在于：为什么在一些人类种群中，大多数成年人能够消化乳糖？

20世纪70年代早期，地理学家弗雷德里克·西蒙斯（Fredric Simoons）提出是乳制品业的发展历史导致演化出消化乳糖的能力。欧洲西北部的人长久以来保持养奶牛和消费新鲜牛奶的习惯，雅利安人在征战中将乳制品业带到印度及其他地方，随后被西亚和非洲牧民延续千年。在这些地区，大多数成年人都能饮用新鲜牛奶。地中海的人们消费牛奶的方式以酸奶、奶酪和其他去除乳糖的乳制品为主，其中的一些成年人能够消化乳糖，而其他人不能。在世界上的其他地方罕有或根本没有乳制品业，且很少有美国印第安人、太平洋岛民、远东人和非洲人能够吸收乳糖。弗雷德里克·西蒙斯的观点一度充满争议，但随后的基因数据证明成人的乳糖消化能力主要由单个显性基因控制，而细致的统计结果也证明了这一点。

成人乳糖消化能力的演化是"基因－文化共同演化"的一个例子。生物学家提出"共同演化"的概念，指代由两个相互构成对方生存环境重要组成部分的物种所构成的系统。在这样的系统中，一个物种的演化变迁会导致另一个物种相应的演化变迁，会导致一种复杂的共同演化，并且常常有着令人惊异的结果。例如，通常具有捕食性的蚂蚁会靠近蚜虫，保护它们免受捕食者袭击。作为回报，蚜虫会分泌出高糖分的蜜汁供蚂蚁采食。人类种群基因演化创造出来的心理机制，使复杂文化得以进一步演化。在某些环境下，这一过程引发乳制品业的发展。在全新的文化上演化出来的环境随即增加，使得成年人能够消费全脂乳品的基因相对适应度增大。随着这种基因的扩散，可能反过来改变由环境所塑造的文化行为，或许是促进全脂牛奶的消费，甚至可能在无意中让冰激凌得以出现。

人们认为基因－文化共同演化在人类心理机制的基因演化中也扮演了重要角色，即累积文化适应性必然会导致遗传上适应不良的文化变异，人类种群的文化信息和基因信息将分别在其动态演化中作出回应。

自然选择、突变和漂变等决定基因的频率，而自然选择、各种传递偏倚，都会影响文化变异的分布。然而，两个过程并非相互独立，这个共同演化之路中的每一方都会影响对方的演化动态。由基因演化出来的心理偏倚会引导文化演化朝增进基因适应度的方向发展，而文化上演化出来的特质则会在很多方面影响不同基因型的相对适应度。

基因－文化的共同演化之所以能够造成如此显著的基因变化，是因为其已经持续了很长时间。在具有乳糖消化能力的成年人占比很高的种群中，乳制品业已经持续了 300 代。相关研究表明，复杂文化适应性的累积演化已经有 50 万年的历史，这意味着复杂的文化传统已经通过共同演化的选择力量，对人类的基因造成约 2 万代的影响。在这个时间维度上，文化上演化出来的环境能够通过共同演化对人类基因的演化产生巨大影响。我们希望基因-文化共同演化的想法，对大多数人来说是符合直觉且有说服力的。需要注意的是，这条道路被许多演化社会科学家看作是一条狭路。这些研究者强调的是人们演化而来的心理机制决定文化演化。

把基因和文化看作互惠的共生关系，它们如同两个共生的物种一样，运用各自专长，协力完成其中任何一个都不能独立完成的事情。比如人类不能消化青草，奶牛不能抵御猛兽，奶牛和人类则能够互利共生。但是，这样的互利共生远非完美，人类总是要牺牲牛犊获得更多的牛奶，而奶牛往往受到自然选择的作用而倾向于"做空"——让人们先喂饱他们的后代。只要合作中存在正的净收益，每一方都会对合作乐此不疲。人类往往傲慢地将这种合作视为驯养，基因和文化之间的关系也类似于此。基因自身不能轻易地适应快速变动的环境，而文化变异自身不能脱离大脑和躯体行事。基因和文化被紧密地绑在一起，但是它们各自的演化动力拉扯着行为朝向不同的方向。

互利共生对生物组织层面的重大转型产生重要影响。真核细胞的起源就是一个很好的例子。直到 20 亿年前，地球还是由原核生物(是一种生物没有细胞核和染色体，很像现代的细菌)所统治。真核细胞作为原核生物紧密共生的结果出现，其中一个物种终于演化成细胞核，而其他物种则变成像线粒体和叶绿体这样的细胞器，由这些共生生物共同演化出来的真核细胞体积更大、功能更加复杂，能够在当时的生存区域中打败原核生物，并拓展出新的生存空间。

人类种群中基因和文化的共生关系，促成生命史上类似的重大转型：人类社会演化出复杂的合作行为，而这一行为在近一万年中迅速改变了几乎整个世界。由于基因-文化的共同演化和人类的超社会性，人类在动物世界中成为一个惊人的异象，他们在以身份作为标识的群体内部开展广泛合作。这些群体的经济依赖于大规模的劳动分工，并和身份不同的外部群体进行竞争。现代社会正是如此：以军队、政党和教堂为代表的庞大官僚机构以及各种公司管理着各类复杂的事务，人们的生存需要依赖于世界各地生产的一系列种类繁多的资源。

对大多数动物而言，合作或者不存在，或者只局限于极小的群体，只存在很少的劳动分工。只有少数动物能够进行大规模合作，如蜜蜂、蚂蚁和白蚁等社会性昆虫，以及裸鼹鼠——这种生活在地下的非洲啮齿类动物。多细胞植物和多种多细胞无脊椎动物也能被认为是由个体细胞组成的复杂社会，但上述进行合作的个体之间存在基因上的关联。通常来说，多细胞生物中的细胞是单个遗传细胞的复制体，而昆虫和裸鼹鼠的个体之间则互为兄弟姐妹。由此产生另一个演化谜团。600万年前人类在第三纪中新世的祖先很可能会像现在的灵长类动物，在主要由亲属组成的小群体内进行合作，没有交易、少有劳动分工，结盟只会限定于少数个体之间。正如人们的论证模式与人们对于自然选择是如何塑造行为的理解是一致的。从那时到现在的某一时刻，一定发生了一些事，从而导致人类开始在以身份作为标识的群体内进行复杂的大规模合作。

到底是什么导致人类变得如此与众不同？人们认为基因-文化的共同演化最有可能是这一谜团的答案。人们进行了以下论证：首先，文化具有的适应性加强了关于合作和群体身份标识的文化演化。人类文化允许复杂的适应性进行迅速的累积演化，尤其是在多变的环境中。这种迅速的适应性急剧增加了人类种群之间的可遗传文化差异，这意味着群体间竞争（这种竞争总是出现）会产生能够促进群体成功的文化特质的累积演化。由于更大、更具合作性和更有凝聚力的群体能够在竞争中战胜不团结的小群体，使得群体选择将演化出由文化传递的合作精神和集体主义规范，以及能够保证人们遵守规范的奖惩体系。群体间的稳定差异也将导致演化出使得个体能够选择模仿和合作对象的身份标识。

其次，由文化演化产生的社会环境青睐于和其相适应的先天心理机制。在这些社会环境中，奖惩系统保证社会规范得以落实，而个体选择又会偏好于让人们获得社会奖励，同时规避社会惩罚的心理倾向。类似的，在一个由许多文化上各不相同，以身份作为标识的紧密群体——这些群体要求其成员对群体保持忠诚——所组成的世界中，个体选择会偏好于让人们能够分辨世界中的各个群体，并识别出同类成员的心理机制。

最后，人们生来就有了两种先天倾向，或者称为"社会本能"。第一种是人们和灵长类祖先共同拥有的原始本能。这种原始社会本能产生于人们所熟悉的亲缘选择和亲缘互惠的演化过程，使得人类能够拥有复杂的家庭生活，并常常在个体之间孕育出深厚的感情纽带。第二种是"部落"本能，使得人们能够与更大范围内的,以身份作为标识的人们——即"部落"——进行合作。部落社会本能产生于人们之前提及的部落层面的基因－文化共同演化过程。正因为如此,人类能够与一群没有近亲关系而只有共同文化的人联合起来,这是其他灵长类所做不到的。

二、文化基因理论研究进展

大量的人类文化遗产被很好地保存在博物馆、图书馆或其他相关机构,以分类存储的方式向公众开放。图书馆也设计了具体的方案来管理文物资料,以便于人们查找。常用的有4种方式:主标题列表式、图像特征、受控词表和分门别类。要使人们对这些文化遗产的需求增加,需要让其成为大众的可利用资源,让不同类型和情境下的文化底蕴被发掘出来。数学家根据历年来对相关数据的分析得出结论,对文化的进化历程进行大规模研究势在必行。还有部分研究人员通过给出字典遗漏的单词,对详细数据加以分析。这样全新的研究方式弥补了传统风格的不足,向大数据基因组学靠拢,国外也把这一领域称之"文化组学"。伴随着争议,如深邃的内涵、被约束的时空以及被转移的语义等,都让文化的定量表征和分析越来越有难度。

从目标层面上看,人们根据中国56个民族绘制了人类文化的基因图谱和民族文化的系统全景图。人类文化基因库的建立可以帮助人们对民族文化构成体系做深入研究,充分利用这一庞大资源进行挖掘、整理、解码和保护,让其创造更大的价值和再生资源。

从研究层面上看,文化基因(文化模式与文化特征)提取鉴于文化遗产,是特定文化历史空间的承载,它承载着文化的进程。近年来研究工作的内容重心转向发掘文化遗产背后的特征以及文化模式的演变,这里主要是使用数据挖掘技术,工作内容也完成了从定性到定量的转变。但是,由于一些礼仪习俗、图案壁画和音乐舞蹈属于非物质文化遗产范畴,如何发现其背后的文化特征及文化模式进行定量分析,才是最大的难题所在。

三、文化基因的标注与重构

现有文化基因研究局限于人文史和遗传学的角度,难以挖掘蕴藏在文化生活与艺术中的文化内涵,也无法凝练成挖掘文化基因的科学方法体系,这时需要一个科学系统地发掘文化基因的成熟技术，即数字化技术，它秉承对传统文化的传承与保护，揭露文化内涵及其发展演变规律，对文化基因进一步提取，表达标注后再重组，使其呈现多模态，以此进行研究实证。

（一）文化基因标注

文化基因的研究和艺术价值不可估量，现在越来越多的人对文化基因展开深度研究和语义标注。正是因为有了数字化技术和文化计算的发展，文化基因越来越多地被数据化和图像化，人们利用数字资源存储及检索，大大提高了效率。当下，流行的语义标注是元数据的标注，标注的内容都是相对基础的，如名称、重量、尺寸、色彩、出土日期和出土地，等等。例如，对"东周铜簋"的标注，标注的内容就包括名称、主题、作者、年代、尺寸、收藏地等。

元数据对文化基因的标注仍存在不足之处，因为高层与底层语义信息之间存在无法逾越的鸿沟，导致不能更深刻地揭示文化基因的真正语义内涵。为了弥补这一不足，数字结构化方法大量涌现。例如数字语义描述框架，可以对内容语义进行较为准确的建模，为了实现对资源数据的高层语义表达，可以采用主题词表和数据元数据方法。这样做的目的是让用户便于理解并欣赏文化资源。所以，有一套可以实现尺度广、层次多的文化基因语义模型至关重要，不仅可以改善数字图像元数据标注时存在的缺点，还能针对不同类型的基因数据及用户搜索需要，匹配对应的领域，将发现的新词和元数据信息融合在一起加到待标注的语义表达中，用机器提高数据精准度。

对文化基因数据进行科学标注，形成真正的民族文化基因库，可以借助智能技术明史、正史和补史，让文化传承的脉络得以印证。由此可见，对文化基因的标注，一是让人类感知民族文化基因底蕴的深厚；二是让更多的人知晓真实的历史场景；三是让中国艺术发展历程和文化史拥有更充足的资源。

（二）文化基因重构

重构文化基因的过程是将不同文化要素及元素重新组合，再转化成全新的文化数字内容。以影像画面为例，先重构水墨及书法等视觉范围的基因，并提取古乐等听觉范围的基因，合成一幅带有诗意并能让人沉浸其中的画面感；再利用古筝、二胡等传统乐器的演奏，将声音来源加工处理，传到计算机中进行技术层面的处理，进一步控制影像内容，使画面中呈现出来的书法效果如同被真实地写出来，再随着音乐旋律，使观众陶醉在画面里，感受一场前所未有的盛宴。

随着人们生活品质的提高，人们对文化的认知水平也在不断提升，这是一种内在的精神层面的追求。但目前对文化基因的解构和重构远远达不到要求，所以要突破这种局面，用适合社会发展的眼光进行文化创新，从多个层面实现重组和改革，最大化地满足人们的高层次文化需要。

四、基于广州红色文化基因的文化创意形象设计

广州作为我国红色文化基地之一，历史悠久，是我国"英雄城"。广州所具有的红色文化非常珍贵，蕴含着很多历史思想，红色文物也非常多，比如中共三大会议纪念馆、广州起义纪念馆、植地庄抗日纪念碑等，这些蕴含革命思想与民族精神的红色文物为后续红色文化的发展打下坚实基础。通过查询相关资料，整理归纳出有代表性的广州红色文化基因，将更多具有代表性与典型性的红色精神以及广州文化汇总起来，使设计过程具备符号学理论与文化基因架构，以达到探讨客体与表征之间的关系，传递并表达民族精神意蕴的目的。

对广州文化的梳理与统计，可以将其中蕴含的物质形态与精神形态区分开。物质形态具有可视化、有形化等特点，在对其进行设计与宣传过程中可对应的设计元素也更为具体。因此，在进行红色文化宣传过程中，需要将视觉焦点放在广州红色革命活动上，将其作为历史符号进行进一步宣传与展现，将其中的红色精神提取出来进行传播，如历史文物蕴含的民族精神、历史人物事迹。通过符号学理论提取广州具有代表性的文化符号作为宣传重点，设计与创新特征，不断发展，逐步形成广州红色文化宣传主体。

第三章 忠于创——文创之术

第一节　创意——文化传承的有力武器

文创产品＝文化＋创新＋产品，倒过来解释就是，首先是一个产品，再是有创新性的产品，然后是附加文化内涵的创新性产品。

一、文化创意让文化产品更具价值性

文化附加值在人们越来越重视文化的过程中被逐渐推动，文化产品和文创产业也越来越被世界各国重视。通过个人创意将文化内涵融入产品中，使文化价值更大化。例如，创作者通过将新理念及创新应用在日历形式上，创作出《故宫日历》。人们透过《故宫日历》加深对故宫生活的了解，也更重视日常生活中日历的作用。所以，在那一段时期，《故宫日历》带火了文化独特的创新思路。日历市场在《故宫日历》推出后越来越壮大，各类形象的日历层出不穷，为人们生活带来丰富多彩文化的同时，也带动了文创产业的进一步发展。首先，文创产品不仅将丰富的文化带给人们，还具有独特性与功能性。例如，《故宫日历》不仅能够在人们日常生活中发挥作用，还具有特定功能，可以特别标出并说明有意义的纪念日。其次，文创产品具有价值性。人们在购买《故宫日历》时也会收到赠送的纪念品，即故宫特色手账本，可以作为收藏纪念。同时，日历的每页都有空白处，人们可以在此处写下总结语、计划或励志语录等内容，日历因此发挥了巧妙作用。最后，文创产品具有衍生性。许多文创产品也在《故宫日历》推出后得到发展，产品市场被注入新鲜血液与活力，文化产业的发展因此被推动。

二、文化创意产品的创意思维方法

文化创意产品的创意思维方法有以下几种（图 3-1）：

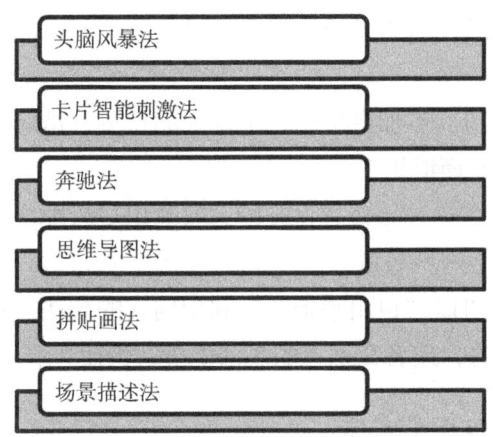

图 3-1　文化创意产品的创意思维方法

（一）头脑风暴法

"头脑风暴"最早是精神病理学上的用语，是针对精神病患者的精神错乱状态而言。后来，"头脑风暴"多指无限制的自由联想和讨论，其目的在于激发新观念或创新设想的产生。

在集体决策中，由于集团成员的心理相互作用，容易屈服于权威和大多数意见，形成所谓的集体思维。集体思维会削弱团体的重要精神和创造力，损害决策质量。为了确保集团决策的创造性和提高决策质量，人们开发了一系列改进经营团队决策的方法，其中典型的是头脑风暴法。

运用头脑风暴法，就是给定中心词，充分发散思维，联想一切感兴趣的文化元素，用便条纸将联想到的关键词记录下来，之后进行分析和整理工作。采用头脑风暴法组织群体决策时，要集中有关专家召开专题会议。主持者以明确的方式向所有参与者阐明问题，说明会议规则，尽力创造融洽、轻松的会议气氛。主持者一般不发表意见，以免影响会议气氛，由组员"自由"提出尽可能多的方案。

1. 头脑风暴的注意事项

A. 将重点放在不评价他们给出的意见上。

B. 不要限制思考的空间，鼓励自由思考，想到更多的点子。

2. 头脑风暴的四大原则

A. 自由思考。参加者为了自由思考，必须解放自己的心，同时提倡自由和无节制。

B. 会议后的评判。参加者禁止评论别人的意见，排除批评的判断。会议后对想法的判断需要谨慎思考。

C. 质量取决于数量。与会者将鼓励大家拿出尽可能多的创意，确保高品质的产品，不必担心内容质量。

D. 没有专利，可以"自由乘坐"。利用别人的想法与其他相关想法，使用灵感产生其他灵感，或者在别人的想法上进行修改。

3. 头脑风暴的八个要素

A. 头脑风暴的使用首先要有主题。

B. 不能同时将多个主题混在一起，主题是单一的。

C. 问题较多时，应该细分成若干个小问题。

D. 有创造性、分析性和幽默感。

E. 头脑风暴需要在45—60分钟内完成。

F. 主持人为了激发其他人的联想，应该用清晰的字体在白板上写下构思。

G. 头脑风暴后，评价创造性。

H. 评价思考时，进行分类。

（二）卡片智能刺激法

卡片智能刺激法是由日本创造开发研究所总监高桥诚创立的，被称为CBS方法。其特征是可以对大家的想法进行提问和评价。

CBS方法的操作步骤如下：

A. 5—8人参加会议，每人派发50张卡片，准备200张卡片，会议时间为60分钟。

B. 参与者对会议前所呈现的主题进行设想，并将设想写在卡片上。每张卡片写一种。在10分钟之内，每人给出10种或更多种设想。

C. 开会时，每个人都把卡片放在桌上，然后依次说明。

D. 当倾听别人想法时，可以提问题。如果有新的想法，立即填写在备用卡上，并放在桌子上，时间是 30 分钟。

E. 参加者答完后，收集卡片，收集标题。

F. 将卡片分类后，将标题放在顶部，排成一行，然后对每一种设想进行讨论并改进。

G. 主持人决定分类问题的重要性，时间为 10 分钟。

（三）奔驰法

奔驰法是一种辅助的创新思想，通过以下 7 种思想启发实践。

（1）替换

A. 哪些创意内容和概念可以被替换，从而方便改进产品？

B. 什么样的材料和资源将被替换，还是它们被取代了？

C. 还有其他的产品和过程可以达到同样的目的吗？

（2）结合

A. 哪些元素需要结合在一起进一步完善发明和概念？

B. 将本产品与其他产品结合，可以得到哪些新产品？

C. 结合不同的设计目标会产生什么新想法？

（3）调适

A. 想法和概念中哪些元素可以进行改进？

B. 如何调整产品以满足其他用途或应用？

C. 哪些要素、目标和产品可以调整？

（4）修正

A. 如何修正想法和概念，并改进下一步？

B. 如何修正当前阶段的形状、外观和用户感受？

C. 尺寸增加或减少的影响是什么？

（5）其他用途

A. 如何将想法和概念用于其他用途？

B. 能将创意和概念运用到其他产品和行业吗？

C. 在另一种情况下，产品的行为方式会变成什么？

D. 能回收产品废料并制造新的吗？

（6）消除

A. 思想和概念中的哪些方面被删除了？

B. 如何简化现有的想法和概念？

C. 哪些特征、部件和规格可以省略？

（7）相反方向

A. 思想或概念的对立面是什么？

B. 当产品顺序颠倒或使用顺序改变时，会得到什么结果？

C. 如果设计和现阶段的概念是完全相反的设计，会发生什么？

（四）思维导图法

思维导图是一种视觉表现形式，可以表现发散性思维和创造性思维的相互作用及联系。设计师可以研究思维导图，探索每个思维之间的关系，并提交解决方案。设计师通过思维导图，将主题的所有相关元素和思想形象化，构成主题分析。例如，在纸的中心写上名字，周围留出空白，让主题在头脑中形成风暴，从中心画出一幅画。设计师可以用不同色彩的笔标记思维主干，如用圆形标记关键词或出现频率较高的想法，用连接线连接相似的想法。思维导图的优点在于可以不断添加突然想到的内容，还可以随时砍掉分支或添加分支。

思维导图的要点是：

1. 图像

中心使用图像，分支也要使用图像，整个思维导图都应使用图像，有助于激发无数的联想和增强记忆。可以写得很好，不用担心画得不好。

2. 关键字

如果有些内容不能用图像表达，可以使用关键字。关键字要求简单、短小，尽可能多用单词。

（五）拼贴画法

拼贴画法是一种展示产品使用、产品用户群、产品类型的视觉表现方法，可以帮助设计师完成可视化设计的标准，方便与项目其他联系者交流设计标准。

（六）场景描述法

场景描述法又称为边界故事法，即场景法，用于描述特定环境下的目标用户。根据不同的设计目的，故事内容是现有产品和用户之间的交互方式，也可以是未来场景中不同的交互可能。在采用场景描述法时，需确定场景描述的目的，明确场景描述的数量及篇幅，选定特定的人物角色或目标用户及需要达成的主要目标；构思场景描述的写作风格，为每个场景描述拟定一个具有启发性的标题，并巧妙利用角色之间的对话，使场景描述内容栩栩如生；还要为场景描述设定一个起始点，触发场景的起因或事件，专注地创作一篇最具前景的场景描述。

设计的过程也被普遍认为是解决问题的过程，而在解决问题之前，设计师首先要寻找并界定真正的设计问题，这是得出解决方法最重要的前提。回答以下问题可以帮助设计师界定设计问题。

A. 谁遇到了问题？
B. 主要问题是什么？
C. 与当前场景相关的因素有哪些？
D. 问题遭遇者的主要目标是什么？
E. 需要避免当前场景下的哪些负面因素？
F. 当前场景下的哪些行为是值得采纳的？

将所得结果整理成结构清晰、调理清楚的文字，形成设计问题，其中应包含对未来目标场景的清晰描述，以及可能产生设计概念的方向。对问题的清晰界定有助于设计师、客户及其他利益相关者进行有效交流与沟通。设计问题界定后，需要进行分合思维。分合思维是一种将思考对象在思想中加以分解或合并，以产生新思路、新方案的思维方式。

第二节　撩拨人心的情感定位——角色创意

一、情感设计在文创交互产品中的运用

（一）数字文创产品中情感体验的作用

人们的日常生活离不开情感。随着社会发展，人们以越来越高的标准要求精神文化层面的质量。所以，能让用户与之产生共鸣的产品也是让人们体

验良好情感的产品，它们能够减少自身与人的距离，使人们对其兴趣倍增。产品可以通过提升情感体验进行创新。产品在技术飞速发展、市场竞争愈发激烈的今天，很难从基础需求层面获得质的提升。产品在拥有更好的情感共鸣能力时，会有更高的附加值及优越性。产品是否需要优化是以情感体验为参考。如果只对产品进行表现形式和功能层面上的简单优化，产品的华丽可能仅仅停留在表面。如果产品想要有更深层的优化升级，可以考虑从情感体验方面着手。

（二）情感设计的重要性

如今，生产技术在不断提升，新媒体技术的融合应用与发展，文创类产品和文创设计的表现形式也越来越趋于数字化。交互式的数字文创产品在呈现效果和感染力方面拥有更强优势，表现形式更加多元且新颖，能够更好地传播文化内涵。产品的可用和易用性在产品质量逐步提高的过程中，已经无法满足人们的需求。人们在使用一个数字交互产品，或参与到一个交互作品设计中时，交互行为的关注点并不仅仅停留于形式层面上，而是真正开始思考从中可以收获的、能够与文创产品产生的联系以及能够获得的精神层面的影响。交互之所以需要设计，是为了创造更好的用户体验,其设计的宗旨为"以人为本"，设计师要让用户被自己的设计打动，必须在传达设计理念时应用更人性化的行为方式和更细腻的产品体验。连接作品或产品的受众者是交互设计的主要目的，以此使参与者得到切实收获，进而达成设计者目标。

二、古典文学作品角色 IP 形象化分析

（一）古典文学作品角色 IP 形象化的现象

近年来，文创产业的发展势头十分迅猛，市场上开始大量出现从国外进口的文创产品，竞争十分激烈。激烈的竞争也使国内企业受到一定刺激，开始寻求突破，从而对国内文创产业的发展产生了极大的推动和促进作用。很多企业开始对品牌 IP 的独特属性进行关注和强调，做出差异化选择，在文创产品的 IP 形象设计中尝试选用中国古典文学作品的经典角色，使文创产品市场出现全新景象，有了更多的可能性。

古典文学作品中有大量角色 IP，设计师对其进行了视觉化的演绎，将每

一个IP形象背后蕴藏的古典文化内涵生动展示出来，使文化变得更加可视化，大众也更易于接受。

对市面上目前销售比较火热的、以中国古典文学作品角色为底色进行IP形象化设计的文创产品进行调查分析，在不考虑自身品牌效应等影响因素的情况下，可以发现具有三种特征的古典文学作品角色IP形象化文创产品比较容易受到大众喜爱。

1. IP形象表情和动态要比较诙谐、轻松

这类产品比较容易受到青睐的原因是当下文创产品的消费群体比较趋向年轻态。从设计风格上来看，明快、活泼的设计比较容易受到年轻人的喜爱。比较典型的案例是《非人哉》系列IP形象盲盒，其设计者是漫画家"一汪空气"，其IP形象源自中国古典名著《封神演义》中的经典角色，比如苏妲己、杨戬等。设计师将这些角色拟人化，同时给每个形象配上各不相同的可爱表情，还设计了装饰配件，非常新颖，尽管没有品牌的知名度作为辅助，但还是在市场上引起了很大反响。同时，由于购买盲盒的大多为女性消费者，也使产品的造型风格更偏向可爱，因为女性对这类产品喜爱度更高。又如《昆仑天团》系列文创模型的IP形象，取自《山海经》中的陆吾和英招，设计师杉泽赋予他们生动活泼的表情，并辅以诙谐可爱的姿势，一经上市就受到广大年轻女性的追捧，热度和话题性都非常高。

2. IP形象要具备当代审美特征

文创产品不仅要在内核上具备原本的古典文学思想，设计师还需要在对这些形象进行还原的基础上再创作，融入个人想法。例如，《懒哪吒》这一IP形象的设计，设计师围绕《封神演义》这一主题，在还原哪吒和敖丙的形象基础上又融入宅文化——这一当代文化，两者有机结合在一起，形成最终的哪吒与敖丙形象，即躺在沙发上握着游戏手柄沉迷于打游戏的一对兄弟。在古典文学中融合了现代元素，使这一IP形象具有独特性。《西游茉莉》系列盲盒则是对《西游记》主题的另类延伸，对书中角色进行联想和再造，使该系列的文创产品在具有极高观赏性的同时，还兼具相当高的收藏价值。

3. IP产品设计精妙，具有相当强的可玩性

如变形类产品，虽然该类型产出较少，但也出现过很多优秀的作品。相

比其他产品,这类产品在进行 IP 形象设计时,难度相对更大,制作更加复杂。例如,《国之重器》这一系列,选材自中国四大名著之一的《三国演义》,由虎贲中造研发,在国内变形类 IP 文创产品设计中是十分出色的一款。其中以"黄忠"这一形象为原型的"云川",不仅对黄忠进行还原,在变形结构上也进行了精妙设计,具有相当强的可玩性。《西行记》系列则是围绕《西游记》主题设计的,模型主体的变形是借助于零件替换完成的,一些部件还有合体功能,非常有趣。

(二)古典文学作品角色 IP 形象化的文化价值与商业潜力

1. 中华古典精神文明传承与传播

中华民族经过几千年发展,留下许多辉煌灿烂的文明,这些中华古典精神文明可以说是兼收并蓄、海纳百川,而古典文学恰恰是其中的集大成者,有着鲜明的民族文化特色,其历史悠久,内容博大精深,并经过漫长岁月的见证,一代代流传至今。

在中国文学组成中,中国古典文学是非常重要的一部分,其表现形式多种多样,如常见的诗歌、词、曲、赋以及小说、散文,等等。不同的文体运用的艺术表现手法也不一样。因此,中国古典文学可以说是包罗万象、百花齐放。在设计 IP 形象时,可以将特定古典文学中表达出的美学思想和其中呈现的视觉元素进行有效的提取和结合,使围绕该古典文学作品形成的 IP 形象产品能够形成独具特色的产品链,也有助于在现代社会更好地传播和传承中华古典精神文明。

2. 拉近古典文学与年轻群体的距离

随着时代发展,现代的年轻人有着更加丰富多彩的网络生活,人们在工作、学习之余,均被影音游戏占满,传播古典文学的渠道相对比较单一,一般只有学校会进行阅读推广或实体书店进行线下书籍售卖。但年轻人已经很少会买实体书,古典文学在传播上没有创新,也没有整体推广思路,很难吸引年轻人的关注,年轻人也无法产生阅读兴趣,更谈不上主动为其进行推广传播。

选取古典文学作品中的经典角色进行 IP 形象化设计,给该作品中的相关人物形象塑造出统一的视觉识别系统,可以赋予这部作品独一无二的风格和更加鲜明的个性，整个古典文学作品的 IP 形象也更容易被受众记住，进而推动其推广和提升，使其关注度得到有效提升，不浪费其文学价值，也能让更多年轻人关注到古典文学作品，使当代青年和古典文学之间的距离得到有效拉近，有助于古典文学的传播和传承发展。

3. IP 文创产品将古典文学作品与当代消费生活相结合

对源自古典文学作品的角色形象设计的 IP，各个年龄段的人都表示出极大的兴趣和喜爱，除了因为其表现方式自由、多样外，与背后蕴藏的深厚文化来源也不无关系。日本的一款手机游戏《命运冠位指南》自 2015 年上线运营以来，创下多项纪录，可以说是一个现象级的产品。自问世以来，该游戏前后出现的角色有数百位，这些形象全部取材自神话传说及文学作品。当然，不仅局限于日本，而是选自全世界，因此一上线就迅速席卷亚洲市场。其实，这款游戏之所以引起人们的关注，并不是因为其娱乐性，而是 IP 形象设计，特别是角色背后所隐藏的历史故事。可以说，这部作品中，角色和作品的精髓完美地结合在一起，游戏玩家的追求不再是赢得游戏的胜利，而是开始尝试了解、阅读、理解背后的文学作品，也使很多经典文学作品迎来新的春天，传播度和普及性远远提升。同时，角色的 IP 形象也从一个侧面展现出文学作品的内容和内涵，可以从中了解到作品的发展背景以及其中的文化传承、文化情怀、文化追求等。

在整个文创产业中，游戏是不可或缺的一部分。Super Date（一个外国统计网站）针对 2020 年度电子游戏和互动媒体进行了统计，从发表的数据可以看出，年度营收最高的游戏是《王者荣耀》，高达 24.5 亿美元，这款游戏也是将文学作品中的角色进行 IP 形象化设计。从中不难看出，当经典文学作品和优秀的美术设计完美结合时可以产生巨大能量。《王者荣耀》游戏中的 IP 形象涉及很广，包括中国四大名著，如《西游记》《三国演义》等，也涵盖神话故事，如《封神榜》等，经过美术创作加工，其中很多人物被构建起三维形象，形成独一无二的 IP 形象，而这些数目众多的 IP 形象共同构成"王者宇宙"，即独属于《王者荣耀》的文化 IP 群。

总的来说，对于在全世界范围内传播文化和促进全球交流来说，将古典文学作品进行角色 IP 形象化设计是一种选择，能够起到一定推动作用，不论是在影视领域、游戏领域，还是在文学创作领域，都能带来丰硕的成果和良好的效果，从商业价值上来看也是一种不错的选择。

第三节 乐在其中的用户体验——交互

一、用户体验的定义

20世纪90年代,著名设计师诺曼提出和推广"用户体验"一词,并被广泛熟知,但直到现在也未能产生统一的定义来帮助人们认识用户体验的内涵。很多业内从业者和专家学者从不同切入点定义用户体验。

ISO 9241—210标准认为,用户体验是期望使用或针对使用的系统、服务、产品在认知中形成的回应或印象。具体来说,该定义表示用户使用产品的过程中将个人的主观感受、意识建立起来,便是用户体验。但是,用户群体具有明确的界定和不同需求,通过良好设计实验便能认识和感受到用户体验的共性。于是,对用户体验的定义进行补充解释为:用户体验指用户对某个系统或产品使用之后、使用过程中、使用之前的所有感受,包括喜好、来自心理和生理的反应、情感、认知印象、行为和成就、信仰等各方面的内容。补充解释认为使用环境和系统以及用户是对用户体验影响最大的因素。

以体验的深入程度对体验的定义研究进行归类。最深层次的体验对于设计团队和其他用户来说具有一定的参考价值,考虑使用产品的过程和情景,其作为一种经历和阅历,在设计过程中发挥重要的协助作用,搭建设计师和用户沟通的桥梁,让用户体验共享;稍浅层次的体验包含不同和特殊,用户在使用产品、服务或系统过程中,让用户充分认识到整个使用过程并做出满意或不满意的评价;最浅层次的体验来自用户的下意识,大脑接收到持续不断的信息,用户感知和反馈这些信息,并对发生的体验进一步确认。所以,该层次的体验具有即时性的特点。

在《用户体验要素》一书中,James Garrett(詹姆斯·加勒特)认为产品和外界产生关联的过程就是用户体验,是产品如何与外界发生联系、发挥作用,并不是指产品本身如何工作。将用户和创造产品的组织之间的利益平衡好,才是较好的用户体验,让双方实现共赢。其中,用户体验重要的内容是可用性,但两者不能等同,不能认为某个产品、系统或服务拥有良好的可用性就一定具有积极的用户体验。

专家学者Kuniavsky(库涅夫斯基)认为对用户体验进行定义比较困难,这是由于用户通过和他人、环境进行交流互动才能获得体验,但又有很多变化因素出现在过程中，都会产生用户体验。

学者哈森扎赫（Hassenzahl）认为包括需求、欲望、动机和预期在内的用户内心感受，具有目的性、功能性、可用性和复杂性等特点在内的系统，在特殊的交流互动环境中发生作用就是用户体验。他还认为情感因素应该作为用户体验的重要关注内容，并且用户体验包括美学、娱乐和享受三类非技术特征。

二、用户体验的范围

B.约瑟夫·派恩和詹姆斯·H.吉尔摩就用户体验的范围提出观点，他们认为用户体验包含四个范围和两个维度。《体验经济》一书中深入分析用户体验的两个维度，分别是参与者和背景之间存在的关系、用户的参与水平，通过两个维度延伸出四种体验范围。

顾客的参与是体验必不可少的环节，发挥着重要作用。一般来说，顾客的参与主要包括被动式参与和主动式参与。被动式参与表示顾客在体验过程中不能产生直接影响；主动式参与指顾客能够将个人影响施加给体验活动。如果将顾客的参与水平作为横轴，参与者和背景环境之间存在的关系则为对应的纵轴。参与者和背景之间存在的关系，包括浸入式和吸引式。前者指顾客在体验活动中全身心投入并且成为其中的重要组成部分；后者指通过体验活动对顾客产生的远距离吸引力。在两种维度作用下，顾客的体验延伸成娱乐性、审美性、教育性和逃避性四种。

娱乐性体验指用户的感官被体验活动吸引，从而被动参与体验活动，比如听音乐和阅读享受以及欣赏表演等活动。

审美性体验指人们在体验活动或事件中沉浸下来，但不会对活动施加任何影响和作用。比如，在风景区对大自然的风景进行欣赏、观看体育比赛和在画廊中对艺术作品进行欣赏。

教育性体验是一种主动式参与体验，用户自身受到吸引之后，会积极主动地参与到活动中。教育性活动主要是利用积极的影响和作用，吸引顾客的注意，让他们的思想和身体参与活动，从而帮助他们提升个人的技能水平和知识。

逃避性体验与娱乐性体验和教育性体验相比，前者对浸入程度的要求较高，与完全以娱乐为目的的体验活动相比，逃避性体验中的用户在活动中积极主动参与，使个人完全沉浸，比如网上聊天、参观主题公园和玩电子游戏，等等。模糊各种体验的范围和界线，有利于提升用户体验的真实性，将各种体验融合到一起，最后形成的体验对用户更加具有吸引力。

对于体验的质量和体验的归类来说，提出体验范围的概念具有重要的参考作用，主要是由于体验所处的不同范围，用户参与活动的感受和方式、企业和产品在体验方式上的打造，也有很大差异，对体验所属的范围进行明晰定义，能帮助人们对体验的特征和用户参与方式形成更加深刻的了解，能够在体验的营造中发挥重要指导作用。但是，并没有对体验的相关要素进行系统描述，只是在讲故事和讲案例的基础上，让读者深入了解体验，也彰显出体验要素的重要性和价值，只有将要素进一步明确，才能对不同类型和不同范围的体验要素产生的影响进行分析，使其更好地指导具体的营造体验活动。

三、基于心流理论的文创产品交互设计研究

（一）心流理论与文创产品交互设计

1. 心流理论概述

著名的心流理论是由美国积极心理学家齐克森米哈利（Csikszentmihalyi）在1975年提出的。心流体验是心流理论的重要概念，指一个人将精力或者"身心"完全投注在某种活动时的感受。所谓"心流"，是人在这种沉浸状态时的一种最优体验，当人们产生心流时，会产生高度的充实感和愉悦感。心流体验虽然是一种抱有主观色彩的短暂性精神体验，但展示了人们愿意持续地投入一件事情的心理原因。

影响用户心流形成的两个重要因素是挑战和技能，齐克森米哈利心流模型见图3-2。当用户遇到的挑战大于所掌握的技能时，用户将会有不安感和焦虑感；反之，则会降低兴奋度和新鲜感。只有当两者的状态达到互相平衡时，才会产生心流。

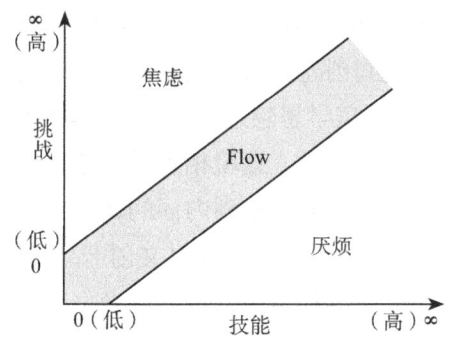

图 3-2　齐克森米哈利心流模型

心流体验的 9 个特征是由齐克森米哈利通过心流体验的概念总结而来，并由 Novak（诺瓦克）等人对 9 个特征进行进一步整理，见表 3-1 所示。

表 3-1　心流体验特征

阶段	条件阶段	体验阶段	结果阶段
特征	A. 清晰明确的目标	D. 行为与意识融为一体	G. 自我意识的丧失
	B. 准确而及时的反馈	E. 注意力完全的集中	H. 时间感受的失真
	C. 技能与挑战的平衡	F. 潜在的控制感	I. 发自内心的参与感

2. 心流体验与文创产品中"境"的交互设计

所谓文创产品，是在创新思想和创新方式的基础上，再次解读带有地域或民族文化的主题，并将这些文化主题变成实实在在的产品。"境"的交互在文创产品中指用户在产品基础上，通过由外到内的方式体验文化，从而增强产品的地域文化表现能力，将产品的地域情境显现出来。用户直接的情绪感受和心理体会叫作心流体验。通过有效交互"境"，不断提升文创产品用户收获的愉悦感和满足感。从心流体验的角度出发，正确发挥其功效和作用，不断提升用户的黏度和购买意向，从而让这类文创产品具有更强的市场竞争力和优势，提高用户在文化体验方面的心流体验和共鸣感。

（二）基于心流理论的文创产品的交互设计方法

心流理论主要反映设计师和产品以及用户三者之间进行信息交互的过程，而物、空间和人是交互体验领域发生交互作用的核心要素，用户通过对产品的内涵意义、形态特征、代表文化符号进行解读，对隐藏在表层注释后

◎始于文，忠于创　文化创意的术与道

更深层次的象征寓意进行理解，在此过程中，实现文创产品的文化体验目标，最后在文创产品和用户之间创建起文化联系。用户心流的产生源于"境"，"境"是中国境界说的重要美学思想之一，属于美学体验领域的内容。"境"包含意境、物境和情境三个层面，意境相当于意蕴，物境相当于形似，情境相当于环境。从外表到内在、从表象到内涵的认识、感知、体验过程，也是从物境过渡到意境。同样，三层境界可以对文创产品和用户的交互进行划分，具体包括意境交互、物境交互和情境交互。三者之间存在相互影响的关系，其中最深刻的层面是意境交互。

1. 文创产品物境交互设计

物境交互给予用户的体验和感受最为直接和原始，主要包括文创产品的色彩、材质和形态等自身属性，将更多心理上的认同感和愉悦感赋予用户。用户在物境交互层面中遇到的挑战在于用感官认识和了解文创产品的外在属性。在筛选其中的有效信息时，用户对文化的掌握情况是用户的筛选技能，一旦用户表现在有效文化信息筛选的技术水准和用户遇到的挑战相持平时，用户便能从中获取愉悦感，即心流。如果用户遇到的挑战无法通过自己的技能解决，用户就很容易焦虑，这时为了降低用户对产品文化信息的主观认知筛选挑战的难度，设计师可以运用清晰明确的界面分区方法，减少用户主观认知筛选产品文化信息，促使用户自身的注意力达到最好的集中状态，于是初步的心流顺势产生。如果用户获得的心理偏向焦虑，设计师要以能够进行感知的多感官文化交互作为依据，提升用户的参与感、加强集中注意力，刺激产生心流。

（1）清晰明确的界面分区

利用界面分区的方式处理文创产品，向用户传递文创产品中包含的文化内涵，通过明确清晰的界面分区，让用户在看到文创产品的第一时间，迅速接收到该产品想要传递给用户的文化信息。以用户为中心是划分文创产品界面信息分区标准的重要原则，要与文创产品的文化内涵、外姿造型、功能和结构、语义相结合，引导性分区处理产品界面，让用户在文创产品上的注意力与作者的意图保持一致，并随之移动，对产品各个界面中蕴含的精神内容、思想情感和文化信息不断探索和研究。在设计界面分区作用下，用户也能带着愉悦的心情对文创产品精神进行了解，提升用户对产品背后所包含的文化精神的探索兴趣，推动文化信息的传播，也与文创产品设计的初衷相符合。

当用户对文化进行了解时，利用设计的有效分区能够防止用户走出方向，增强用户黏性。

（2）可感知的多感官文化交互

将用户的不同感官，比如嗅觉、听觉和触觉、视觉利用起来，对不同的信息进行处理和接收，便是可感知的多感官文化交互，从多个角度出发，对文创产品的产品信息进行综合感知，降低用户接受产品文化信息的挑战难度，从感官层面降低解读认知产品的难度。一般来说，人们通过视觉能够获得一个新产品八成的信息，是由视觉判断构建出来，以用户不同的技能水平作为依据，设计相对应的多感官文化交互，包括儿童、小学生群体在内的初级用户，他们的注意力特别容易被可爱的造型、柔软的材质和明亮的颜色吸引；以上班族和大学生等群体为代表的中间用户，更容易被独特的设计语言和流行元素、色彩吸引；以具有一定文化素养的中年人或老年人群体为代表的专家用户，考据完整的造型细节设计、合适沉稳的色彩运用，更符合他们的审美倾向。以不同用户群体拥有的不同技能水平作为依据，将多感官文化交互设计出来，让用户接受的挑战和技能保持平衡。

2. 文创产品情境交互设计

对现代生活中关于产品的惯用方式和仪式习惯进行分析总结就是情景交互。在设计基础上实现文化信息和产品功能的融合，让用户体验和使用产品时，能够沉浸在蕴含的文化情境中，让具有功能、结构、操作等特性在内的文化创意产品中包含的语义更容易被用户获取。

用户自身技能在情景交互层面的体现在于对文创产品所传递的产品语义信息进行接收处理，用主观认识判断产品功能，再开展接下来的操作。

挑战指用户在充分发挥自身技能的基础上，对产品的文化内涵进行全面准确高效的理解，迅速掌握产品的使用方式，为下一步操作做出正确选择。如果自身技能高于遇到的挑战，为了实现两者的相适应和平衡，设计师可以采用社交互动和多功能结合的方式进行处理，将深层次的操纵感赋予用户，增强用户在文创产品上的文化体验。如果用户自身技能低于挑战，设计师要将正确的使用方法和功能引导提供给用户，将明晰的目的或反馈设计传达给用户，促进心流体验的产生。

（1）社交互动和多功能相结合

将社交互动和多功能融合在一起，有利于提升产品挑战的难易程度，让用户接受的挑战和自身技能更加匹配。就目前市场上大部分文创产品来说，功能较少，用户操作和使用的时间也较短。但心流能够帮助用户实现自我充实，保持愉悦的心情，追求挑战。对此，将用户的使用年限增加到文化创意交互设计中，通过添加适当的功能或隐蔽部分特性、功能内容，使用户积极地探索，激发用户的好奇心和探索欲望。开展社交交流活动，能够让用户充分感受到参与感和归属感。因此，文创产品要增加情景设计，加入社交互动元素。以日本熊本熊文创吉祥物举例，用户利用"熊本熊"的样式做成人形玩偶与大众开展互动和交流。此时，熊本熊产品本身已改变用户的心理情感和目的。这些变化不仅影响设计外形特征，更与社会和娱乐等社交互动因素相融合，使用户的参与感和使用感进一步增强，有利于平稳心流的保持。

（2）清晰的功能引导和及时的操作反馈

要以产品的操作反馈和功能引导作为设计产品的重要参考因素，才能对用户的行为进行深入分析，清楚掌握用户能否在自我技能提升的基础上，通过更加高效和简单的操作了解如何对产品进行下一步操作，进而让用户深刻了解产品自身包含的文化内涵和底蕴，引起共鸣，促进心流的产生。

具体来说，可从以下三个方面着手：一是以外形和素材以及材质作为切入点，利用样式文案的差异对不同的产品功能进行区分；二是以用户的习惯性行为作为切入点设计产品；三是结合多层次感官获得用户不同层次的反馈。例如，出自著名艺术家理查德伍兹之手的文创书灯 Lumio，是为 Momma 做出的独家设计。他在设计书灯时，将用户的行为习惯作为重要参考依据，希望用户将书灯一打开，便会有坚硬的书壳和温和的灯光出现，而不是传统印象中的图形和文字，再按照视觉和触觉等感官，对书籍的反馈进行设计，让用户在使用书灯时增加各种感官的反馈和体验。为了增强用户与产品之间的交流，不断增强使用者的使用体验，感官反馈的使用结合并不是越多越好，而是要利用最少的形式将最丰富的信息传递出去。

3. 文创产品意境交互设计

在文创产品和用户之间搭建起的来自精神、信仰、意识形态方面的交互叫作意境交互，是在用户的高级思维活动的基础上，对文创产品包含的精神和审美以及信仰进行充分理解。意境交互层次对用户的理解能力和认知能力提出了更高要求，一定水准的认知能力和理解能力有利于用户对文化产品的内涵及背后代表的特定文化意义进行有效了解。与技能相比，挑战是把技能运用到文化产品的使用中，不仅是通过产品的外形特征对产品包含的内容和特定文化进行了解，还是利用用户的非逻辑方法，比如联想、创造、领悟和猜想等对产品进行剖析和思考。如果用户自身拥有的技能和挑战未形成平衡，设计师对文创产品进行设计时，需要根据具体的情况对意境可辨识度和意境元素进行调整，从而平衡用户所接受的挑战和具备的技能。在这个阶段，行为与意识的融合、自我意识丧失、感受失真等状态，都是用户能够在意境中感受到的，促使心流体验保持平衡。

（1）意境元素多元化

所谓产品的意境元素多元化，是将用户对产品意境解读的难度不断提升，进而让用户接受更大的挑战。具体来说，多个物象所传达出的意境共同构成文创产品的文化意境，用户意境交互的时间长短取决于意境元素的数量，更多的意境元素使用户的意境交往时间更长，引发他们在意境认知层面上的思考和认知更加深入，如创意配料碟。当配料慢慢向碟中倾入，便像有一朵绽放的花呈现出来。但就意境交互层面来说，这个产品的表达方式比较单一。例如，在作品漫游中，多个物象元素相结合，主要有鹅卵石、青蛙和蝌蚪以及水面，青蛙在石上静静地趴着，伴随着蛙声，蝌蚪在水里自由穿梭，一副生动形象的意境呈现出来，让用户感受到幽静和舒缓。如此多层次的意境画面得益于多元化的意境元素，为整个意境增加了更多的阅读性和复杂性，使用户沉浸在意境画面中，自我意识的丧失和时间感受的失真，让用户在精神上收获心流体验。

（2）如何降低文化意境认知难度

降低文化意境认知难度，可从以下两方面（图3-3）入手。

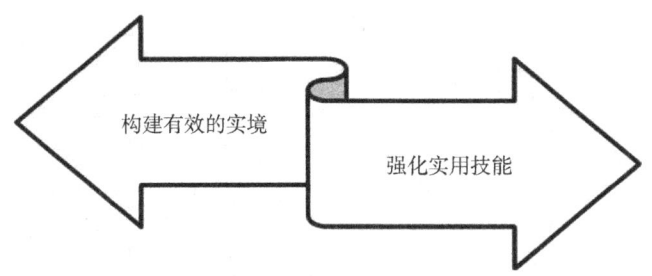

图3-3 降低文化意境认知难度

①构建有效的实境

文创产品和意境之间搭建起的沟通桥梁是实境，让用户连接新获取的文化知识和以往的经验并有效结合两者,将易认知性赋予产品意境,大大降低用户的挫折感和理解成本,以有机统一原则作为依据,巧妙结合产品的造型形式要素和实境中的独立物象,是构建有效实境的核心内容。所以,设计师要充分发挥物的要素作用,利用环境空间中材质、器物和色彩的关系,让构建的实境与文创产品造型形成一致与融合,实现文创产品实际和语义表达的统一,使设计师构造起的文化产品和实践之间的互动,降低用户对产品文化意境的认知难度。

②强化实用技能

用户认知意境的使用技能不断强化,有利于让用户对文创产品中包含的不同层次文化意境展开自主思考,通过有效的文化引导对技能进行强化,将用户形成的产品认知逐渐向逆境交互层面提升。第一是在语言和文字等形式基础上,增强用户获取初步文化信息的技能,这些初步文化信息以产品基本文化背景为主;第二是在形象化图片方式基础上,通过阐述故事引导用户,比如利用卡通人物和图形以及漫画形式;第三是将设计师对产品的简单思路和设计理念提供给用户。通过以上方面,统一用户的意识和行为,推动心流体验的收获。

如何平衡用户自身技能和接受的挑战,主要体现在让不同技能水平的用户对自身用户体验和设计需求的实现感到满足。不同用户的技能水平是不一样的,可以设置为初级用户、中间用户、专家用户,在设计中提出与目标用户等级相对应的挑战才能更好地达到平衡用户技能和接受挑战的目的,也对应文创产品对物境、情境、意境三种交互方法的分类标准,基于心流理论的文创产品交互设计方法,如图3-4所示。

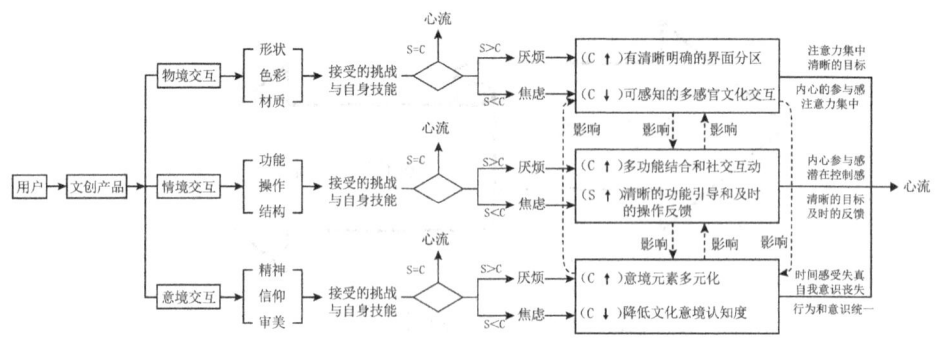

图3-4 基于心流理论的文创产品交互设计方法

第四节　当非遗①遇上文创设计——跨界融合

一、非物质文化遗产的创意文化价值

非物质文化遗产的创意文化价值体现在两个方面（图3-5）。

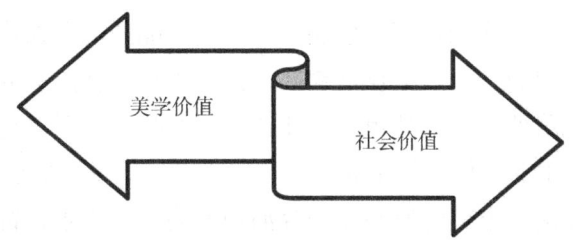

图3-5　非物质文化遗产的创意文化价值

（一）非遗的创意美学价值

非遗保护和发展的最终目的是要从非遗中获得传统文化中的优秀品质，获得可以让当代人领悟和受到鼓舞的人文精神，更重要的是在此项工作开展中唤起全民对本民族优秀文化的自豪感和认同感，唤起公众对人们伟大传统的热爱和尊重，认识到真正文化遗产的价值，摒弃文化糟粕，这也正是非遗的创意文化价值所在。

非遗是人类共有的精神财富，它不仅丰富了人们机械单调的生活，更重要的是可以安抚人们的精神世界和心灵，让人类在对于真正幸福的迷乱和焦渴中品尝到最古朴、最纯净的愉悦，这是非遗美学的现代体现。非遗似乎是看不见、摸不着的，但以文化遗存为载体，不仅唤醒人们的文化记忆，而且传承一种智慧、一种精神。非遗续接了人们的文化记忆，提升了城市的文化品位，增强人们的地域自豪感。一只宋代的瓷茶杯，杯子本身是文物，但不是非遗，而制作杯子的工艺流程才是非遗，就是文化，就是美学。

相对于物质性、遗址性、建筑性文化遗产而言，非遗更为鲜活，商业操作的可能性和余地也更大，而它所涵盖的诸如人类情感、民族文化记忆等层面的东西，通过一系列落地策略，完全可以转化为有形的品牌价值，进而为

---

① 非遗指非物质文化遗产，下同。

企业创造利润。在产品严重同质化的今天，非遗无疑是为这类产品推开了一扇差异化的大门，能否顺利跨过门槛，取决于企业的操控力和执行力。如果非遗只是概念，企业就无法借此获得优异的经济成果。当没有一个有效的策略和一个合适的途径可以让其转化为可赢利的价值时，非遗可能是一个虚幻的概念，只有解决了文化落地问题，才可能赢利。我们可以把这种通过非遗物质化的产品统称为"非遗产品"。企业可以通过产品差异化设计，将非遗进行符号化创意，并应用在产品包装上，打造高品质的非遗产品，也可以通过非遗文化召开研讨会，以会议营销展开公关攻势，让更多的目标客户和消费者知晓其文化价值和产品特色。当非遗完成产品化之后，可通过定向品鉴会，向政府、企事业单位、经销商等客户传达产品信息，推动销售增长。

非遗产品传递的审美价值必须符合消费者的心理需求，符合时代要求，与潜藏在消费者内心深处的人性真理产生共鸣。走时尚路线，必须对与品牌关联的目标消费群的状态进行整体分析，并在产品、品牌、消费者三者之间找到一个符合消费者心理需求的品牌定位，并赋予品牌独一无二、引人入胜的形象和内涵，且在此定位基础上进行整合营销，以占领消费者的心智空间。

非遗产品要体现出真正的中国风格、中国气派和中国精神。非遗存续传承的实践过程中，一部分体现为纯粹的精神生产，如歌舞、口头创作等，还有一部分如手工艺，不仅包括精神生产，还具有物化形态的成品。这一类的非遗形态同样具有情感培育、社群认同、文化承载功能。

（二）非遗的创意社会价值

非遗需要通过一定的物质载体才能呈现出来，这种隐藏在物质后面的精神内涵和历史传统正是非遗独特价值的一种重要体现。以剪纸为例，既有一眼观之的装饰、美化价值，更体现出剪纸传承人的技艺、信仰、审美习惯等特点，还是创造剪纸时时空环境与民俗功能的一种体现。由此可见，一幅剪纸背后蕴含的社会价值是值得人们关注的。

非遗的创意社会价值具体可以体现在以下方面：

1. 非遗是民间知识和信仰的综合体现

非遗是民间知识与信仰的综合体现，具体反映在：非遗反映人们的思想情感、道德观念、信仰意识、价值取向、风土人情和民俗文化，寄托老百姓对理想生活的美好追求，是历史的积累和文化的积淀。非遗的本色是民间的，非遗生于民间，长于民间，存活于民间。民间文化是老百姓和民间艺人创造的，反映老百姓的心声，重在自娱娱人；民间文化是口口相传、集体参与，又是变化万千的，有着强烈的地域特性和个性主题以及现实愿望。非遗一般是通过口传心授、耳濡目染、潜移默化等方式传承下来的。这种知识体系不同于学校教育或正统教育，其实际上是民间社会存在、发展和壮大的精神土壤。传统手工艺的传承，最能体现民间知识与信仰的精神与内容。传统手工艺不仅是遗产，也是一个创造财富、创造生活的过程，特别是在资讯和技术越来越便捷发达的时代，本土化的技艺格外有意义，不同于机械化地复制和模仿，传统手工艺创造和表达的是真正属于民族的美感和语言，是文化的根脉。如果把这些内容和基础教育、文化产业结合起来，民间手工艺将更有生命力，成为一种智慧的传承。不能只把传统手艺作为遗产，必须使其活在当代社会生产和生活中。

2. 非遗是民族文化内容的载体

非遗是民族文化内容的重要载体，是建设具有民族特色的现代文化的基础，也是中华民族对世界文化的丰富和贡献。

农业社会中的庙会、花会、赛戏等民间文化活动，不仅是一种热闹娱乐，是繁忙劳作之余的放松与狂欢，也是百姓日常生活中习得各种技艺的展示与交流，是彼此之间文化的认同、凝聚与再创造。这些富有沟通、创造、欣赏、健康、娱乐等价值理念的活动方式，恰是生活节奏紧张、身心俱疲、精神无依的现代人所需要的。

一些传统技艺、文化空间、岁时节令蕴含着丰富的有关生活、生命、宇宙自然的知识，是先人应对困境与挑战的智慧的结晶，可以给今人面临的生存状态和困境以多方面启示，也是构建当代民众精神生活需求的文化资源与要素。当非遗的社会文化价值与意义被人们理解或认同时，很多传统文化技艺都可以逐渐重新融入人们的生活中。尤其需要注意的是，我国少数民族历史文化传统大多存留在少数民族非遗中，非遗是少数民族文化传统的历史记忆。我国有55个少数民族，他们在历史的发展长河中创造出丰富多彩的非物质文化遗产，堪称人类历史上宝贵的精神财富。

二、非遗传统手工艺的创意开发与产业化

悠久的手工艺传统使得各个地方都有其代表性的文化手工艺民俗产品。这些手工艺品最具开发价值,是创意产业不可多得的内容来源。

以满足人们衣、食、住、行、用的现实需求为功能指向,对非遗传统手工艺进行划分,可将其分为传统服饰工艺、传统饮食技艺、传统建筑技艺、出行与交通工具制作工艺和传统器物制作工艺等。这些传统手工艺都有一个共同特征——参与性强,均来自农业社会人们日常创造并成为日常生活的一部分,如杨梅制作技艺、红帮裁缝技艺、虎头鞋制作技艺等。这些手工艺在现代社会生活中可以发挥作用,关键是如何制作、通过何种方式进行规模生产。例如,红帮裁缝技艺中的土布制作工艺,现在的土布又成为一种"时尚"产品,将土布进行现代科学工艺整理,出人意料地受到欧洲国家的青睐。一些古老的饮食制作工艺,尤其是土生土长的饮食,日益受到人们的喜欢。至于古老的日用品,虽然跟不上现代生活节奏,但可以作为一种"文化产品",成为人们的鉴赏对象,还可以在现代设计行业领域改头换面,成为时尚工艺品。

(一)传统手工艺的创意开发经验

传统手工艺可供开发的项目很多,从目前已开发成功的案例来看,有一条可行的价值链。

第一,选择现代社会生活需要的项目。对于传统手工艺项目的选择非常关键。随着当前传统文化的回归,人们对于古老的生活方式及产品有了不同的认识,许多非遗传统手工艺都能重新被现代社会生活所需要。

第二,提高工艺。利用现代科技整合原有的手工技艺,又必须保持原有的手工制作本色。"手工艺"是一个根本的"卖点",不仅要继续保持,还应不断提高工艺。

第三,做好营销工作。利用现代营销手段,做好营销工作。好的营销手段可以改变人们的看法,接受产品传递出来的文化价值和实用价值,同时要做好品牌。

第四,采用新型的生产模式。为了确保现代市场需要,作坊式生产已不能适应,但手工艺产品又不宜机械生产,因此,可以采用"公司+农户"的模式,扩大规模,建立现代管理制度。

第五，实现基地化。充分利用传统手工艺的文化内涵，延伸产品的文化价值链，弘扬民间文化，建立各种相关的手工艺基地，既方便生产，又可以开发旅游业，深度发掘手工艺的文化价值，将传统手工艺做成一个文化产品，实现基地化。

（二）传统手工艺的创意产业之路

传统手工艺的创意产业之路，可从以下几方面进行考虑。

1. 传统手工艺的创意产业模式

传统手工艺的创意产业模式有以下两种（图3-6）：

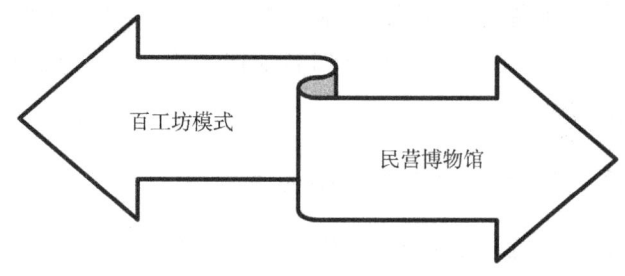

图3-6 传统手工艺的创意产业模式

（1）百工坊模式

百工坊，号称"传统工艺活博物馆"，实际上是个集中的手工作坊园区，希望解决"传统手工艺在现代怎样生存"的问题。这个博物馆像一个大型的综合作坊，又像一个传统的街市；手工艺人在作坊里赶着手里的活计，游客则在屋里屋外自由游赏，他们既可以观赏和购买现成的商品，也可以按照个人意愿指定或参与商品制作。百工坊最大的贡献是将"人"重新聚拢在一起，最大程度上避免"人"的流散。

百工坊的长远发展应当做到：第一，确定百工坊的管理体制，不能多头管理。第二，保护知识产权，用注册专利、保护知识产权的方法保护传统工艺的"绝活儿"。第三，根据政策，大师在百工坊租工作室可以享受较多优惠，因此出现"冒牌大师"，所以要注意"劣币驱逐良币"的现象。第四，加强行业管理，互相协调，确保行业的健康平稳发展。第五，加强宣传，让消费者都认识、了解百工坊。

（2）民营博物馆

艺术和商业相结合，一手抓珍品、艺术品，一手抓产品、走市场，是比较完整的发展模式。在这个过程中，民营博物馆是一个很好的展示平台和市场推广之路，特点是艺术和商品相互照应，正是文化创意产业的特点。

在宁波，有许多民间工艺的传承人既经营企业，也开办博物馆，用这样的方式维持博物馆的正常经营，也把自己传承的技艺发扬光大。博物馆开办以后，对企业来说，通过来访游客提高企业知名度，同时维持博物馆运营的资金大部分还是由企业维持。

例如，骨木镶嵌是宁波传统工艺品的"四大瑰宝"之一，对于像宁波骨木镶嵌这类非遗的保护，一边发展企业，一边建博物馆是很好的选择。2008年，紫林坊从老外滩搬到鄞州区，这是宁波市第一家免费开放的民办博物馆，得到政府的大力支持。建紫林坊的土地都是成本价，除了基础建设补贴，还按照参观人数每个人补贴10元。

2. 传统手工艺走创意产业之路的关键

传统手工艺走创意产业之路的关键在于以下两个方面（图3-7）：

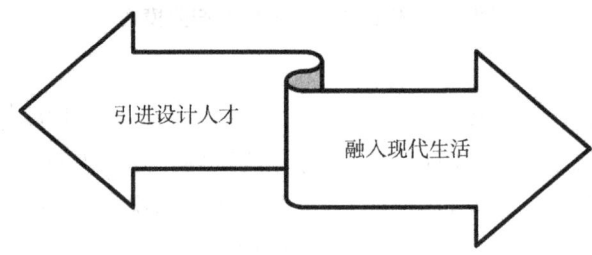

图 3-7　传统手工艺走创意产业之路的关键

（1）引进设计人才

设计可以助推非遗创意生存，促进传统手工艺走向现代，带动制造业升级，但需要全社会的共同重视和共同开发，其中既要有政府部门的政策措施引导，也需要相关市场培育措施，更需要生产性服务业集群的支撑。非遗要传承，必须要创新，要有创意，而仅仅依靠传承人是不够的，更需要有好的设计人才。因为设计师是把非物质文化遗产嫁接到市场的桥梁。吸引更多优秀的设计师到传统文化产业中，把传统文化融入人们的生活用品中，制作出有美感、有生活品质的用品，让非遗走向市场，让人们在生活中也可以使用，这样非遗才能真正不拘一格,才能有产业化前景。

(2) 融入现代生活

与现代生活相融,切实满足人们的具体需求,是传统手工艺走创意产业之路的有效举措。例如,遂昌黑陶拥有数千年历史,以造型古朴、乌黑坚硬而闻名。由于装饰和收藏需求升温,当地艺术家挖掘黑陶技艺并批量生产。但作为艺术品,遂昌黑陶的生活气息越来越少,距离现代人越来越远。2003年,黑陶传承人将公司迁入三墩文化园,与青瓷、书画等艺术机构比邻而居。其经过苦心研制,改进工艺,烧制出一种接近瓷化、硬度更高的陶器,并将其命名为"炭陶"。在形态和功能上,强化陶器的实用性,使其重回使用者的日常生活,受到市场欢迎。

三、非物质文化遗产与文创产品的关系

(一)非物质文化遗产为文创产品提供艺术设计元素

文化创意产品强调创造性、文化内涵,而非物质文化遗产则能很好地满足文化创意产品的设计需要。目前,我国共有42项世界非物质文化遗产,数量在世界上排名第一。可以说,我国在将非物质文化遗产应用到文化创意产品设计方面具有得天独厚的优势。此外,我国非物质文化遗产类型广泛,可以为文创产品提供丰富的艺术设计元素。从非物质文化遗产中提取恰当的艺术设计元素,能够让文创产品更具有生机与活力,对于更好地发展我国文化创意产业大有裨益。这里以工艺类非物质文化遗产为落脚点,对其能够为文创产品提供的艺术设计元素进行探讨。

1. 非物质文化遗产为文创产品提供装饰纹样图式

在我国众多的非物质文化遗产中,有许多与装饰纹样存在密切的关联性。这种现象在手工艺类的非物质文化遗产中表现尤甚。

装饰纹样源自人们使用范围广、在生活中起装饰美化作用的生活图案。在艺术表达形式上,手工艺类非物质文化遗产的装饰纹样,主要是通过隐喻的表征方式传达其暗含的寓意,以较为夸大、多变的表现手法和形式,表达民间美术装饰纹样的重要特征。从其传承的载体来看,装饰纹样的表现形式虽然呈现的是生活中的物品,但真正要表达的不是物品最直观的含义,而是

将真正要表达的含义隐藏于附着的物品中,通过联想加以比喻。手工艺所创作出来的装饰性纹样在造型上具有意象性,具有明显的象征性特征,创作所选取的题材以及所要表现出的对象内容,与人们的观念紧紧相关,承载着某些寓意,表达着特定意义。可以说,作为承载特定寓意理念的符号,装饰纹样将创作中心思想和情感以具象的形式表达出来,讲述人、环境、社会三者之间的基本关系,具有超脱感性情感之外的深刻内涵。这些呈现出来的感性特征是被人民群众所认可的,这些感性形象为世人展示着传承、延续与群体性。

从创作表达的要素上看,装饰纹样表达着人们对美好、吉祥生活的渴望与追求,反映出老百姓内心的真诚期待,而寄予象征的表现形式,则是简单明了的内容,既通俗易懂,又饱含寓意。如鱼、花朵,原本是普普通通的动植物,但放在一起能够创作出民间美术装饰纹样,表达幸福安详;松柏、鹤、鹿是长寿的象征;等等。这样的例子很多,如对伟大生命的崇拜、对美好爱情的期望等。不论是出自什么样的目的与期望,无不表达人们内心最真诚的渴望,并以民俗方式在时代变迁中传承发展。

装饰纹样可以被恰当地运用在文创产品中,进一步提升文创产品的文化价值与艺术魅力。装饰纹样的种类繁多,这里将手工艺类非物质文化遗产可为文创产品提供的装饰纹样分为以下几类(图3-8):

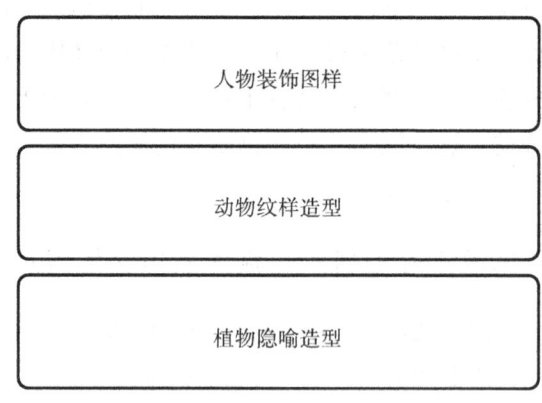

图3-8　手工艺类非遗为文创产品提供的装饰纹样

(1)人物装饰图样

人物题材一直是各类艺术形式所表现的重要内容。人物图案内涵丰富,情趣生动,是人类美化自身、装饰生活的一个重要艺术手段。中国传统及民间装饰人物历史悠久、形式丰富、手法多样,从壁画、石刻到剪纸、刺绣均有应用。

人物装饰图样主要分为神话传说人物、宗教人物和历史人物。这些人物装饰图样主要是为了传承与发扬忠、孝、礼、义等积极向上的人文精神，散发着浓浓的教化感染色彩。其中，历史人物图样主要是人们耳熟能详的历史、故事以及戏曲中的人物图案。

（2）动物纹样造型

动物纹样中的图案是指在远古时期被人们先祖寄予各种象征意义和人生映照观念的鸟兽虫鱼。

动物纹样的流行贯穿于从夏商到六朝的各个时期。在生产力低下的时期，人们期望能够获得动物身上所具有的强大力量，从而在心理上得到能够战胜一切的观念安慰，与当时信仰息息相关，因而在物品装饰上，动物纹样始终占据主要的统治地位。在艺术表现形式上，动物纹样既有日常生活中确实存在的动物形态，也包括古代人们臆想出来的生物，它们的存在可以是不现实合理的，但能够给人以积极向上的力量。在汉代，随着时代演变，动物纹样的寓意还同气候、方向、人伦等有着多种发展联系（如青龙、白虎、朱雀、玄武等），动物纹样的传承往往被人们披上浓重的神话色彩与神秘的象征意义，与动物天生所具有的活动性、未知性是分不开的。动物纹样在民间美术装饰纹样中，是理性载物形体与宗教观念传承的结合体，体现独有的象征寓意。

人类与动物的关系密不可分，古往今来，动物不但为人类提供肉食、乳汁、衣服，还常作为耕种、驮物的工具，时刻为人类贡献力量。以动物为题材的图案内容丰富，有偏重表现动物形象的，也有偏重表现动物动态的，还有表现动物与人关系的。在日常生活中，人们还习惯使用动物的某些习性特征代表人的品性、情操、性格，或赋予动物一定的情感等。例如，把小白兔比喻成性格温顺的人，狮子则成为性格刚烈的人的代表。佛教中，白象是释迦牟尼的象征，眼镜蛇则是古埃及时代的女神，也是君王的保护神，都说明动物与人之间存在千丝万缕的联系。

中国拥有几千年的文化积淀，人们喜欢借助具有生命和灵性的动物图形，祈求战胜和抑制灾难，带来吉祥安康。以珍禽瑞兽为主题的装饰，在生活中处处可见，文创产品设计的图案纹样可以将之作为参考，选取合适的图案纹样进行设计。动物图样在类别上可以分为一般动物类和福禽祥兽类（图3-9）。

◎始于文，忠于创　文化创意的术与道

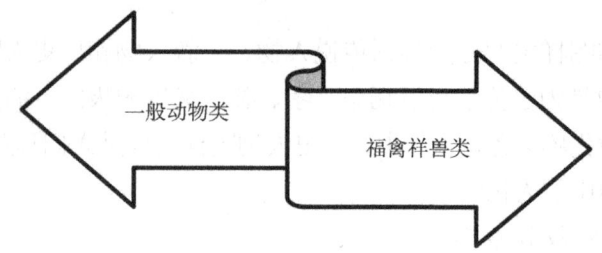

图 3-9　动物图样的类别

①一般动物类

一种是客观存在的动物，如狮子、鹿、蝙蝠、鱼、喜鹊、鸡、鸳鸯、猴、鹤、虎、象、羊等。人们根据它们各自的习性或名称谐音，赋予其象征意义。这里分别以鱼纹以及羊纹为例，做简要分析。鱼纹是仰韶文化传承中重要的代表纹样，其中最具特色的是人面鱼纹。在表征意义上，鱼的形态光滑、多子且依水为生，使得古时候人们将鱼同繁衍后代联系到一起，表达期盼家族人丁兴旺的含义。后来，鱼这一形体逐渐变成配偶的隐藏寓意。像鱼与莲花的纹样，则是代表男女求子的象征。因为"裕"代表富足的生活，而鱼由于谐音，在文字表述上，代表富裕的意思。因此，在民间美术装饰纹样和造型中，鱼纹被大量应用。

纵观鱼纹的发展历史，可以发现，各个时期均有以鱼的形态为创作图案。鲤鱼跳龙门始于宋朝，寓意加官晋爵，时来运转之意，"鱼化龙"的纹样也取此寓意。

羊纹的出现则可以追溯到游牧时期，当时羊纹代表极为重要的文化理念。羊在游牧时期是重要的食物材料，羊纹又常常出现在食物器皿上。羊是温顺的动物，因此，羊这一形态又被赋予祥瑞的表达寓意。羊纹图案在古代代表大吉与祝福，以其作为创作内容的器皿及纹饰较为常见。在文字的表述上，因为羊与阳读音相似，又有"三阳开泰"等象征生机勃勃的创作纹样。所以，羊纹在民间美术装饰纹样创作中占据不可替代的创作地位。

②福禽祥兽类

福禽祥兽图样的出现，是根据中国古代人民的美好愿景创造出来的。在历史发展长河中，福禽祥兽纹样经历了广泛的发展，从而衍生出各式各样的图案，如凤凰、蛟龙、朱雀等。以龙的图案为例，龙的形象充斥在中华历史文化的发展长河中，从古至今有着关于龙的记载。

龙的形态除了和蛇形野兽相似以外，还有各种曲线与头部相结合的变异体，以此适应不同创作载体的实际需要。随着历史发展，龙纹图案不再是单一不变的风格，呈现形态也越来越多样化。龙纹在手工艺的运用上，形态则是多种鸟兽的特点结合体，大而凸的额头寓意着祥瑞与智慧；两角象征着长寿与安康；耳朵象征着学业优异；眼睛象征英勇无畏；爪子象征着威严等。在中国历史文化中，龙体现着一种特殊的文化地位，代表勇敢、吉祥、驱除妖魔的神兽。在政治表征上，龙代表着权威的力量，在民间则代表着喜庆、祥和、威严的意义。

（3）植物隐喻造型

如果仅仅从语言修辞上看"隐喻"一词，隐喻所表达的字面意思是一种修辞手法。对于民间美术装饰纹样，隐喻代表的含义分为两种，即直接隐喻和间接隐喻。直接隐喻，顾名思义，是较为直观地表达所要传递的含义；间接隐喻则是指需要人们具备一定的生活经验，并且通过自身经历，能够得到一定的思想感悟。对于大部分的图纹，使用最多的隐喻方式为间接隐喻。

植物纹样是古代人民在漫长的历史长河劳动中创造的多彩多姿的装饰纹样中的一种寓意形式。植物图案出现时期较早，植物纹的出现被看作是古人期盼美好收成的一种象征。虽然植物纹出现的历史时期较早，但在唐朝以前，植物纹仅仅是作为动物图纹的一种衬托图形。在唐朝时期，由于社会生产水平较高，人们的意识观念较前朝有很大提升，人们将装饰纹样的主体从动物纹样转移到植物图形上。植物图样的大量应用，预示着人们期望摆脱未知力量的束缚，重新塑造自我认知。将先前忽视的自然作物作为重新审视自己的对象，从而能够获得更好的生活体验。这个时期的人们已经将精神审美需求提升到较为重要的地位。

2. 非物质文化遗产为文创产品提供色彩元素

色彩是探究非物质文化遗产不可或缺的部分，尤其是在手工艺类的非物质文化遗产中，色彩是特别重要的组成要素，并且在数千年相对稳定的自然文化环境中逐渐形成具有民族特色的表现特征和文化功能。杨柳青木版年画、蔚县剪纸、皮影、泥塑、北京曹氏风筝、脸谱、刺绣等多种民间美术形式，呈现出五彩缤纷的赋色体系和丰富的文化底蕴。

民间美术色彩不只是具有欣赏功能的物质存在，更是创作者与受众之间进行对话的一种文化语言，体现民众心理的深层需求，代表具有普遍意义的意识存在，是民族心理感情和文化思想的综合载体。民间色彩包含古老的观念、寓意和内涵，在上千年的传承中形成完整的体系和应用法则，显露出鲜明的个性审美特征。文创产品的色彩选择以手工类非物质文化遗产中的色彩运用为参考，充分发挥色彩之美，不断对文创产品的色彩搭配进行优化（图3-10）。

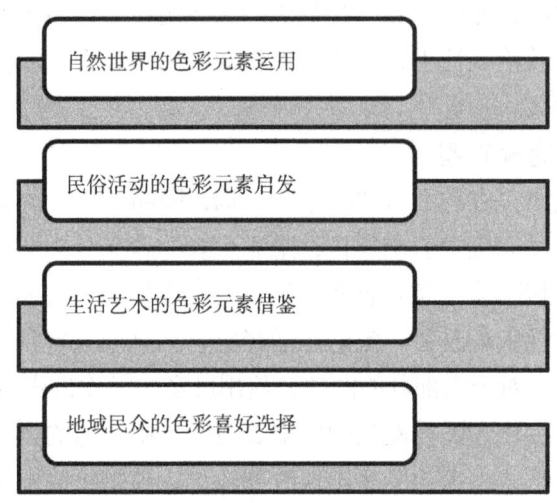

图3-10 非物质文化遗产为文创产品提供色彩元素

（1）自然世界的色彩元素运用

自然世界的色彩非常丰富，天空、大海、沙漠、飞鸟走兽、颜色各异的花卉植物，这些大自然中的物体为人类汲取各种颜色提供宝贵源泉。这里以年画为例，简单论述手工艺类非物质文化遗产中对自然世界色彩元素的运用。

在自然界中，太阳、火都是红色的代表，红色象征着光明与热情，也是人最容易感知的颜色。就年画创作的选色体系而言，年画的创作中大多是以红色作为基础色。在自然界中，一些艳丽的颜色更容易吸引人们的目光。因此，在年画创作中，色彩的偏爱往往体现在色彩鲜艳上，以便给人们的视觉带来一定冲击力。

杨柳青年画和武强木版年画在色彩选用上都偏爱极色，通过红、白、黑等对比鲜明的颜色表达创作题材，正是基于以上两点考虑。同样，文创产品的颜色设计也可以此为依据，采用鲜明、亮眼的颜色吸引人们的注意力。

（2）民俗活动的色彩元素启发

一般而言，民俗指一个国家或民族中由广大民众所创造、享用和传承的文化现象，是民间风俗习惯的统称。民俗起源于人类的生活需要，并在不同的民族、时代和地域中不断形成、扩大和演变，为人们的日常生活服务。民俗一旦形成，就成为"一种看不见的力量"，影响人们的行为、语言和心理。

纵观历史发展，信仰贯穿于社会的各个时期，表达人们对人生的一种审视，各种各样的人生观念支撑着信仰民俗的传承与发展，信仰民俗的本质是我国传统文化的人文精神。信仰民俗常常表达着百姓内心极度渴望的观念，如求子、祈求平安等，这些表象的民众观念同中国传统五行代表的色彩观念结合起来，便形成手工艺类非物质文化遗产创作中的色彩体系。例如，在木版年画创作中常常能够看到求子的题材，如麒麟送子图，表达人们祈求传宗接代的美好愿景。在传统信仰民俗的传承过程中，色彩的运用占据较为重要的地位，支撑着信仰民俗的传承发展。

人生礼仪以及节令民俗对手工艺的创作，尤其对木版年画以及剪纸的色彩的选用，有很大影响。作为装饰性的剪纸，在结婚生子民俗活动中，以颜色鲜艳的红"喜"字呈现出来，用以象征喜庆、祥和。

从上述内容可以看出来，这些民俗色彩特有的色彩搭配方式，集中体现中华民族劳动人民卓越的智慧和高超的创造力，这些色彩搭配为文创产品的色彩设计提供了丰富的参考。设计者要深入了解民俗活动中色彩搭配的选用特点，从而积累宝贵经验。

（3）生活艺术的色彩元素借鉴

经过历史的积淀，手工艺类非物质文化遗产在创作色彩运用上表现出极为深厚的历史文化底蕴和鲜明的文化特征。在日常生活中，人们能够将所看到的色彩关联到所见闻的事物上，比如当人看到白色时，常常会和天空中的云朵以及洁白的棉花联系在一起，能够从内心感受到纯洁、纯真之意。

远古时期，人类对自然生命的起源等方面的理解和认知比较少。因此，不同的民间艺术形式都在很大程度上反映普通民众在日常生产活动中产生的生活感悟。民众将对生活美好愿景的期盼寄希望于大自然中具象的形态，期望通过真诚的膜拜能够实现愿望。经过时间推移，在民间的艺术创作中，人们对色彩的运用也从单一化发展到多元化的崇拜。

经过社会的长时间发展，社会大众对五行之色注入不同的寓意与情感特征，作为象征意义的五行之色，从古至今一直被人们所使用，对色彩与寓意的象征性形成起到决定性作用。在古代，红色代表欢喜之意，而黄色很少出现在寻常百姓家，因为黄色代表权力，是帝皇的象征。自明朝开始，中国皇室修建的宫殿、行宫及园林等，都以黄色和红色为基础色，这样的装饰色彩能够带给人们威严、高贵的感觉。寻常百姓在日常生活中喜欢用红色表达他们在喜庆节日中的欢喜之情，比如剪红喜字、穿红棉袄、放红炮仗等。

在人们的社会生活中，色彩的象征意义表现得最为明显的还有一项娱乐活动——戏曲，尤其是以京剧中的脸谱最具代表性。红脸的忠臣、白脸的小人、黑脸代表刚正不阿的形象等，都是色彩在人们生产生活中最有特点的象征寓意。同样，在创作文创产品时，色彩运用也可以参照手工艺非物质文化遗产色彩的使用情况，为不同的文化创意产品选择合适的颜色。

（4）地域民众的色彩喜好选择

中国地域广阔，不同区域之间的动植物和气候环境都有很大不同，各个地区，人们生活习俗也有很大不同，不仅民风民俗不尽相同，民间区域文化也有很大差异。艺术源于生活，不同地域民众百姓的色彩喜好也具有地域文化差异，同一地区不同类型的艺术风格也会有相同的地域文化特征，即艺术风格的地域聚集性。区域文化的不同往往在形成审美体验和颜色搭配上有所不同。不同民族在聚居的地区形成属于各自民族的色彩特征。白色是纯洁善良的象征，代表祥瑞与和善。藏族和白族是崇拜白色的民族，他们将白奉为高贵的色彩，因而他们的民族服饰颜色是以白色为主色调。彝族、哈尼族则尊崇黑色，认为黑色是富贵的象征，于是黑色就成为他们服饰的主要色彩。

各地在年画创作过程中所选用的颜色具有各自特点。例如，天津杨柳青年画《十美放风筝》和《五子夺莲》的颜色较为艳丽，说明色彩在民间美术创作中的运用具有鲜明的区域性特征，这同我国地域差异性和各民族的民族特征分不开。地域性的不同对于促进发展我国不同地区的工艺类非物质文化遗产的多样性发展起到重要作用。

文创产品颜色设计可以延续这一思路，依据不同地区或不同民族的颜色喜好特点选择合适的颜色，使文创产品的颜色更加丰富，更加能够满足不同区域的消费者需求。

3. 非物质文化遗产为文化创意产品提供材质元素

我国是一个历史悠久的国家，民族艺术文化博大精深，不同地域在历史的不同时期都会有着属于当地文化特色的艺术作品，每一种民间美术工艺都为世人讲述那个时期当地人民的生活、生产习俗。根据各个地区的社会生活背景以及当地民风民俗差异化而产生出具有当地民族特色的手工艺，有着各自民族特色的艺术表现题材、表达方式和生活审美情趣。

（1）就地域取材

我国地域辽阔，不同地区有着不同的地貌、环境和动植物，区域民众在生活、需求上也有着或多或少的差别。另外，在改造自然社会、构建人文社会时所采取的方式和理念上，也会有地方性的主观认识差别，这些因素都对不同手工艺类非物质文化遗产风格的形成起到极大的约束作用，这样构建出来的社会人文形态具有显著的地域性特征，造就了不同区域手工艺非物质文化遗产在风格上的差别化和多样化，体现出人类文明进化史上最主要的特征之一，即文化的区域特征性。

区域的传统文化促进当地民众生活习性、道德观念的形成，也左右着人们的生产生活以及民俗观念，造就了多姿多彩的人类文化。手工艺类非物质文化遗产所呈现出的地域性特征，则是以当地社会文化为基础，归纳并结合当地人们的生产生活需要、民间习俗和审美等因素而形成的，是相沿成习的功用及审美情趣在特定地域内的具象表现。

地域地区的不同，其自然资源的分布情况也不尽相同，对手工艺类非物质文化遗产在创作上的表现形式具有很大的影响，以材料为艺术表现基础的民间雕刻艺术使用不同的材质，则表现不同区域的地域特征，形成种类繁多的民间雕塑艺术文化——根雕、牙雕、竹雕、陶塑、泥塑等。不同的地域性使得在创作民间雕刻时选用的创作材料也大不相同，使得手工艺的艺术表现更加丰富多彩。

在手工艺类非物质文化遗产创作中，自然资源是其艺术表现力的载体，即使是同样的手工艺创作形态，其在不同的地域也会具有不同而鲜明的当地区域特性。以玉雕为例，玉雕的形成历史悠久，创作题材包罗万象，即便同是出自新疆玉石，如果选用的材质不同，创作出来的作品所形成的艺术特征也有着比较大的差异性。

（2）同一材质的不同表现形式

即使是同一材质的手工艺非物质文化遗产，也会由于地区的差异性而具有不同的特点。比如，泥塑这一民间美术非物质文化遗产，河南浚县泥塑形态淳朴可爱、色泽艳丽；山西凤翔泥塑的作品形态则在装饰上显得绮丽繁多，艳丽多姿。作为京津冀地区手工艺非物质文化遗产的艺术代表——天津泥人张的作品创作，则是塑造与绘画的结合，先刻画题材元素形象，然后以色彩表现主题思想。在创作过程中形态的塑造是极为关键的，只有将表达的主题人物形态动态地表现出来,才能让作品给人带来感受,通过刻画纹理以表现出创作主题的材质感,这样塑造出来的人物才会有惟妙惟肖的骨骼特征。在作品颜色绘制上,大多采用传统绘画风格上的工笔书法,这样出来的作品,光泽和色彩表现力会有很大提升。"塑"与"绘"的美妙衔接,为人们日常生活带来朴实而美妙的无限生命力。

综上来说,文化创意产品可以借鉴工艺类非物质文化就地域取材的方式,选择不同地区的盛产材质开展文化创意产品设计,即使采用同一材质的同类文化创意产品,也可以像各地区的泥塑一样,发展地区特色,与其他地区同类型的文化创意产品区分开。

(二)文创产品能体现非物质文化遗产多方面的价值

文创产品能体现非物质文化遗产多方面的价值,具体如下(图3-11):

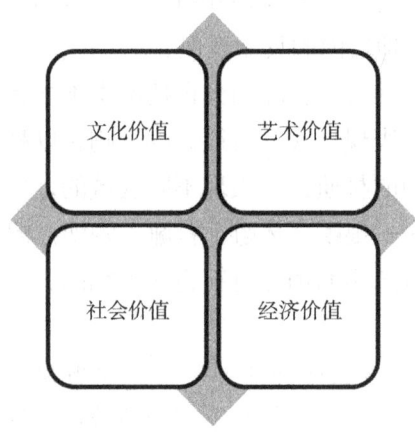

图3-11 文创产品体现的非物质文化遗产价值

1. 文化价值

文创产品的文化价值也是求美、求善的价值体现。人们欣赏文创产品,购买文创产品,使用文创产品,在一系列过程中,正是人们追求更美好品质生活的体现。同时,人们在一系列过程中,也能够从文创产品中获取一定的使用价值。两个方面都是文创产品文化价值的一种实际体现。利用非物质文化遗产开展文创产品设计,使得非物质文化遗产也能够通过相关文创产品的形式被更多的人了解,同时这种文创产品也具有普通文创产品所具有的文化价值。

在利用非物质文化遗产开展文创产品设计时,首先需要充分挖掘非遗中的文化价值,然后将之转化为一定的设计符号,再用现代化、时尚化的设计形式,将设计符号转化到产品设计上。这样,设计出的文创产品才能真正满足人们更深层次的精神需求。

2. 艺术价值

艺术价值是一种将审美价值作为中心,将社会文化价值作为主要内容的精神审美价值。在文创产品的艺术价值构成中,具有两个重要层面,分别是文创产品的审美价值及社会文化价值。文创产品的审美价值是其艺术价值的核心内容体系,社会文化价值则是其艺术价值的具体构成要素,而以非物质文化遗产为文创产品设计的素材,也能够很好地展现非物质文化遗产的艺术价值。

例如,以非遗为题材创作出的电影产品作为一种商品,能够满足消费者的文化消费客观需求,也就是具有社会文化价值。同时,这类电影产品也是一种艺术,具有突出的审美价值。

3. 社会价值

文创产品的社会价值是通过文化创意产品的文化价值和艺术价值对社会发展产生的作用体现出来的。从消费者的个体层面来看,社会价值主要体现在归属感的营造和重建上。产品的传播可以让个体认识到社会价值对于其本身发展的作用,激发文化自信心的形成,帮助形成科学的价值观。从社会发展的角度来看,文化创意产品的创造过程会对环保生态、精神领域等各类社会因素进行挖掘,对社会发展起到一定的助推作用。若是将非物质文化遗产运用于文创产品的设计中,自然能够通过文创产品进一步体现非物质文化遗产的社会价值。

4. 经济价值

文化创意不是经济行为,但若将文化创意转变为可以开展经济行为的产品时,该产品也具有了经济价值。文化创意产品的经济价值可以从微观层面和宏观层面两个角度体现出来。在微观层面,体现为文化创意产品自身具有一定的经济价值属性,是可以供买卖双方进行货币交易的。在宏观层面,体现为以文化创意产品为主要内容构建出的文化产业，已经成为一种具有重要经济意义的新型产业，甚至已经成为一个国家综合竞争实力高低的一个体现。将非物质文化遗产与文创产业相结合，必然能够进一步突显非物质文化遗产的经济价值，让其以文创产品的形式为地区和国家经济的发展做出一定贡献。

四、非遗与文化创意产品的结合：非遗文化创意产品

非物质文化遗产作为优秀传统文化代表，具有非凡的文化魅力与艺术魅力。近年来，随着文化创意产业中非遗文化创意产品的出现，关于非遗文化产品的概念进一步得到确定。一般认为，非遗文化创意产品是将文化传播作为首要目的，通过人为的创造性活动，将各类非物质文化遗产资本转变为新的资本形态，并且与科技、信息等现代高精尖技术相结合的符合社会大众审美或实际需求的文化创意产品。非遗文化创意产品是文化创意产品里的一个分支，是非常重要的一个组成部分。

（一）非遗文化创意产品的特征

非遗文化具有明显的活态性、传承性，是一种活的文化。与一般文化创作产品相比，依托非遗文化而创造出的非遗文化创意产品也具有自身特征。

1. 非遗文创产品的当下性

非遗文创产品的当下性是指能够非常及时准确地捕捉人们生活中的实际需要。如今，人们的生活随处都被装饰与艺术美化着，这种美化体现在人类社会的方方面面，如人的外表、穿着等，或是各类公共设施和城市建筑等。在这样的大环境下，人们的审美水平与审美追求都在不断提高。同时，经济社会水平的不断发展，使人们的物质生活条件越来越好，人们的消费习惯不断变化，消费水平不断提高。伴随这样的变化，人们的审美又进一步得到提高。审美提高，必然会对人们的消费行为产生一定影响。人们对消费物品的美观要求也会更高。许多非遗文化无法很好地融入人们的日常生活中，有一部分的原因是其表现形式不能很好地满足人们的审美需求，没有与人们的现实生活需要相符。例如，在中国许多地区都已经不再使用窗花装饰窗户，在这种情况下，若还是生产、销售窗花，自然很难得到认同。

反观非遗文创产品，则是立足于市场本身，客观根据消费者实际审美需

求创造，自然能够满足人们的实际需要，即具有当下性。此外，非遗文创产品的当下性还决定了必须根据当前社会的实际情况及时对一些现象进行调整。例如，用文锦制作而成的衣服较为昂贵，并且这种衣服在现实中的穿着场合也较少，因此将云锦中的图案提炼出来，制作成实用品，是一种很好的方式，人们既可以感知云锦的魅力，又能够消费得起。

2. 非遗文创产品的市场价值具有双重衡量标准，需求量增大

非遗文化创意产品在市场上售卖的价格是由多种因素共同决定的，其中物质载体的成本和非遗文创产品自身所具有的文化内涵，是影响价格的重要因素。物质载体是有形的，是看得见摸得着的，而文化价值是无形的，很难被量化。因此，真正决定非遗文创产品价值的部分，就是它所蕴含的文化价值。例如，剪纸类的文创产品、刺绣类的文创产品，它们的物质载体成本非常低，其最终价值很高，正是由于其所具有的文化价值所决定。

非遗文创产品不是一般的消费品，属于较高阶的精神消费品。按照马斯洛的需求层次理论分析，人们的需求从高到低以此为自我实现、尊重、爱与归属感、安全需求、生理需求，其中自我实现、尊重都属于高级需求，也是人的非刚性需求。后面三类需求——爱与归属感、安全需求、生理需求则属于低一级需求，是人的刚性需求，需要有一定的经济条件才能实现。物质社会的不断发展，使得人们的经济水平不断提高，人们对于更高层次的非刚性需求增加，而非遗文创产品正是能够满足人们一定精神需求的产品，因此，人们对于非遗文创产品的需求会进一步提升。同时，一件好的非遗文创产品在进入市场之后，也会给人们的消费需求形成一定的刺激。

3. 非遗文创产品在消费传播过程中的价值性

非遗文创产品在进入市场内部时，任何一件能够获得市场认可与肯定的非遗文创产品都会产生至少两方面的价值，这两方面的价值指满足消费者的需求和对新的文化需求的刺激。消费者在购买非遗文创产品后，可以获得一定的文化资本，文化资本的积累与传播又会促进新文化资本的产生。因此，这两方面的价值会形成一个良性循环，进一步促进非遗文创产品市场的发展，也是非遗文创产品在消费和传播过程中，市场供给会逐渐扩大的原因。更多的非遗文创产品市场供给又会进一步增强非遗文创产品的影响力。

(二)当前非遗文化创意产品存在的问题

当前,非遗文化创意产品存在以下问题(图3-12):

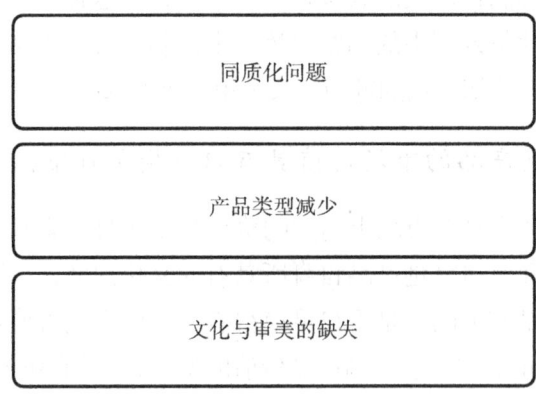

图3-12 当前非遗文化创意产品存在的问题

1. 同质化问题

非遗文化创意产品中存在同质化问题,这个问题也是非遗文化创意产品存在的主要问题之一。非遗文化创意产品的同质化问题,指不同文化、地域及品牌产品本来应该各具特色,但是他们的内在本质特点呈现出渐渐趋同的情况,产品之间的差异性不断缩小,具体表现为产品的品种重复、没有特色、缺少差异等。

同质化问题是所有产品从诞生走向成熟的一条必经之路。在社会各个领域中都有这种现象。同质化问题很难被避免,若是某一行业中的同质化问题过于严重,对于此行业的发展是非常不利的。以剪纸产品为例,中国不同区域、不同民族的剪纸艺术具有自身独特魅力,但在当前的剪纸时尚中,剪纸产品逐渐走向趋同,开始向河北蔚县的剪纸产品看齐。

河北蔚县剪纸产品是最早实现剪纸艺术产业化的地区之一,具有很高的知名度。但是,蔚县的剪纸仅仅代表该地区的剪纸艺术,其他地区的剪纸产品应该坚持自身特色,不能盲目看齐,否则市面上的剪纸产品将会十分相似,对于我国剪纸艺术的发展非常不利,对于我国文化传播也会造成不良影响。

回望经典、有价值的非遗文化创意产品,基本具有突出的创新性与独特性。但有一种情况比较常见,市场上一旦有一种比较创新且独特的产品出现,众多厂家就会争相模仿,仿制出一堆类似的产品,使得市面上的产品趋于雷同，消费者很难在市场上购买到具有足够独特性的产品。这种现象对于原创设计者而言也非常不利，原创作品被争相效仿，作品本身的创新性与独特性受到影响，也会对设计者的创新积极性造成一定影响。由于产品形式创新的欠缺，一些企业可能会压缩产品的实际成本，生产一些工艺粗糙的产品，给整个非遗文创产品市场造成不良影响。

从宏观的角度来看，产品同质化现象的产生与经济全球化的实际状况密切相关。在经济全球化背景下，国家之间的交流机会不断增多，国家之间的文化价值观念相互影响，对非遗文创产品市场也会造成影响。这种情况下，比较偏远的地区非遗文创产品反而由于交通闭塞、与外界交流少而保持产品的独特性。但经济发展下，这些地区必然能够得到更多与外界交流的机会，而外界文化价值观念的影响也会对当地非遗文创产品的独特性造成影响，引发产品的同质化现象。如四川洛带古镇、云南大理古城等多地都在售卖几乎一样的机绣绣片、包袋和服装等物品；再如景泰蓝制品、青花瓷器、内画鼻烟壶等物品在全国各地的旅游市场上更是随处可见，并且图案、样式等基本类似，差异性很小。但实际上，每个地区都有特点，非遗文化创意产品的设计与售卖应当以各地区的特色产品为主，避免同质化现象过于严重。例如，全国有乌镇、周庄、同里等多个江南水乡，这是它们都具有的特色，应当立足于自身与其他地区不同的地方开创设计非遗文创产品，具体可以从建筑特征、民风民俗、地方特产等方面进行探究。

2. 产品类型较少

当前，市面上常见的非遗文创产品有钥匙链、徽章、镜子、丝巾、箱包等。整体来说，非遗文创产品的类型偏少。虽然每一种非物质文化遗产可能针对的产品类型不一样，但就单一类非物质文化遗产而言，也存在这一问题。以蜡染为例，目前针对蜡染的相关文创产品主要有服装、箱包和家居日用品等常见物品。其中，服装主要有旗袍、女裙、长袍，箱包主要有背包、挎包、电脑包，家居用品主要有桌布、靠枕、床单等。总之，产品类型比较少，也缺少创意性产品。

3. 文化与审美的缺失

当前，非物质文化遗产受到较多关注，非遗文创产品的数量也在不断增多。但是，当前非遗文创产品展现出的一个比较明显的问题是产品并不能很好地体现非物质文化遗产，部分产品在外观设计上存明显不足，审美性方面比较欠缺。

当前，非遗文创产品设计中，常会出现将代表性图形直接印制在相关产品上的情况。这种方法比较简单，也是可行的，但是属于表面，不能很好地展现非物质文化遗产的文化内涵。这种方法将设计重点放在产品的外观上，并没有将非物质文化遗产蕴藏的文化内涵以恰当的方式表现出来，这样设计出来的非遗文创产品在文化性方面自然有所欠缺。

例如，在当今非遗文创产品市场中可以看到以青花瓷为主题的文创产品设计，这些产品大多是直接将青花瓷的纹样放置于白底之上，美其名曰"青花瓷"。青花瓷作为我国最著名的瓷器品种之一，其文创产品应当正确展示青花瓷的相关内容与文化内涵，而不是仅仅将青花瓷的图案印制在产品上，这样的文创产品设计过于简单，也不能很好地展现青花瓷的文化魅力。更有甚者，文创产品上印制的纹样与真正的青花瓷毫无关系。这样的非遗文创产品不仅不能很好地宣扬青花瓷制作技艺这一非物质文化遗产，更会让消费者对青花瓷产生误解。这种随意乱造青花瓷产品的行为是不可取的，应当及时更正。

非遗文创产品的文化内涵与审美性较为欠缺，不仅由于设计者没有运用好的设计方法展现非遗文化，与非遗文创产业的售卖者、部分传承人之间都具有非常密切的关联性。这些从业者与传承人并不认识、理解非物质文化遗产的文化内涵，没有真正建立起文化自觉性，也不具有很好的审美能力。因此，无论是非遗文创产品的设计者还是售卖者、传承人都应当弥补对于非物质文化遗产文化内涵方面的缺失，不断提高自身的审美水平，这样才能在整个行业中形成注重文化内涵与审美性的良好风气，才能催生出更多具有文化性与审美性的非遗文创产品。

五、非遗文化创意产品设计的实践研究

非遗文化创意产品设计中的文化底蕴是其有别于一般文化创意产品设计的关键。因此，设计非遗文化创意产品对设计师的文化素养、创新创意能力等提出了更多要求。以下深入探究非物质文化遗产创意产品的设计原则、设计思路、设计手法和创意策略。

非遗文化创意产品设计以文创产品为载体，完成现代文创产业背景下物

质遗产文化的传承与活化，探究现代社会下非遗文化创意产品的设计实践对发掘非物质遗产文化传承新途径与提升文化产业价值具有重要意义。

（一）非遗文化创意产品的设计原则

非遗文化创意产品的设计应当遵循以下原则（图3-13）：

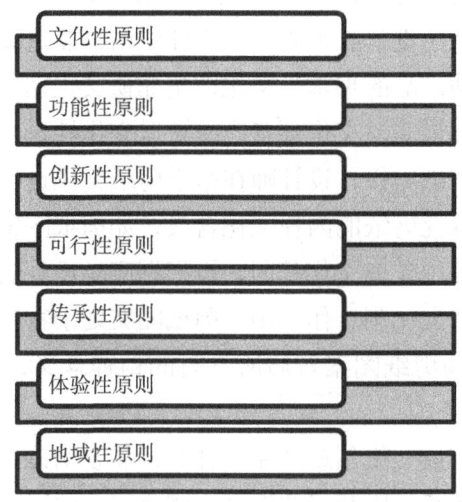

图3-13 非遗文化创意产品的设计原则

1. 文化性原则

非遗文化创意产品是"非物质文化遗产"与"文化创意产品"融合、交集的结果，非遗文化创意产品的核心在于"文化"。若"非物质文化遗产"去掉"文化"，便失去了民族古老的过往和自身存续的灵魂；若"文化创意产品"去掉"文化"，便只有"创意"与"产品"，丧失了最重要的内在文化底蕴和文化内涵。"'文化'是人类为了满足自己的物质生活和精神生活需要所不断创造出来的一切成果的总和，以及作为文化主体的人在创造过程中自我更新和自我完善的活动。"[①]因此，文化内涵可以看作是人类内心层面和精神层面在外在的具体表达。

文化内涵具有象征性意义，文化的表达具有传递信息的作用，具有文化

---

① 田青. 田青文集：第4卷 非遗保护与"原生态"上[M]. 北京：文化艺术出版社，2018：292.

内涵的表达区别于其他没有文化内涵的物象。社会上不同的群体有代表本群体的文化表达方式，各群体在文化表达中热衷于寻找符合自身诉求的文化符号，以彰显个性与身份。消费者消费文化创意产品，其追求的不仅是产品功能，还有产品文化符号所代表的个性化文化表达，以及文化表达中蕴含的情绪、地位、个性和审美。当一种文化创意产品代表特定的文化、身份、个性和品位时，消费者会热衷于购买此产品和其文化附加值。

非遗文化创意产品设计必须遵循文化性原则，非遗文化内涵是非遗文化创意产品区别于其他产品的根本。文化性是非遗文化创意产品的精神属性和无形价值之所在，如果非遗文化创意产品缺乏文化性，则不可以再称为非遗文化创意产品。以剪纸为例，设计师在基于剪纸文化进行非遗文化创意产品设计时，需要深入探究剪纸的内在文化含义，如剪纸图案的象征寓意等。设计师要合理提取剪纸中非遗文化基因，再根据产品设计的需求将之转化，最终在呈现的剪纸非遗文化创意作品中，剪纸图案处于物质层面，是承载作品内在含义的载体，而剪纸图案背后所具有的精神含义，才是作品的核心与本质。

设计师在进行非遗文化创意产品设计时，需要明确只有优秀的、正向的文化才值得发扬与传承，因此，非遗文化创意产品中所呈现的文化需要是文化精髓。一般来说，非遗文化项目的认定需要经过严格的专家评审和政府审核，所以非遗文化代表的是各地区、各民族文化中优秀的部分。设计师通过非遗文化创意产品传承和弘扬优秀的非遗文化，而优秀的非遗文化又赋予产品更为持久的力量和意义。设计师在设计非物质文化遗产时，必须把中国传统文化的精髓与精神价值作为核心，并以文创产品为载体呈现出来，以弘扬和传承本民族的优秀文化。非遗文化创意产品的设计有助于通过产品唤醒消费者深藏于心中的文化共鸣，与消费者产生良好的文化效应。

综上所述，从非遗文化创意产品的本质可知，其非遗文化属性决定非遗文化创意产品的设计必须根植于非遗文化，深入非遗文化，与非遗文化融合。只有这样，非遗文化创意产品才能打动人心。因为非遗文化创意产品所根植的非遗文化承载着人们长久以来生产发展中所形成的文脉，是人们对传统的印象与记忆，非遗文化创意产品中所呈现的非遗文化能够唤醒人们的文化记忆，能够传达文化精神，满足人们的情感回忆需求。

2. 功能性原则

功能是产品设计的根本，非遗文化创意产品的设计也不能脱离功能性（图3-14）。

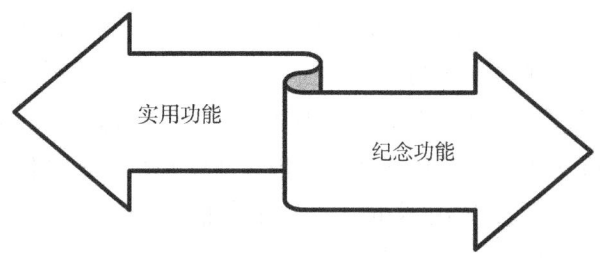

图3-14 非遗文化创意产品设计的功能性

（1）实用功能

产品的实用功能深刻地影响着消费者对产品的购买欲望，虽然非遗文化创意产品作为一种以文化为附加值的产品，实用功能的重要性要低于一般日用产品，但设计师在设计非遗文化创意产品时依然不可忽视其实用功能。如果设计师只强调非遗文化创意产品的观赏价值与艺术价值，非遗文化创意产品则会成为用途单一的装饰物或摆件，偏离人们的生活需求，也缩小产品市场。非遗文化源自人们长期以来的生产生活，以此为基础设计的非遗文化创意产品应融入人民群众的生产生活中，并借此传承下去。"博物馆式"的保护不是设计非遗文化创意产品的目的，非遗文化创意产品要借助产业实现传统的活态化，以此走进千家万户，在新的时代里获得发展的土壤。

（2）纪念功能

非遗文化的传承是人们对传统文化的纪念，而承载着非遗文化的非遗文化创意产品则具有纪念价值。设计师在设计非遗文化创意产品时，要充分重视对消费者的纪念意义，非遗文化创意产品可以通过反映地域或民族文化内涵，述说历史感悟或故事，展现民族历史或情怀等实现纪念功能。

实用功能是针对非遗文化创意产品的物质功能而言，而纪念功能则是针对非遗文化创意产品的精神功能而言，两大功能共同体现非遗文化创意产品的功能性。但设计师在设计时不能将两大功能割裂开，因为一件优秀的非遗文化创意产品需要同时具备实用功能和纪念功能。只有这样，消费者才能在使用非遗文化创意产品时既满足具体功用，又获得既定的文化体验。

3. 创新性原则

非遗文化创意产品的核心要素是"文化"，但也不可忽视"创意"。设计师在设计非遗文化创意产品时，不能盲目照搬非遗文化，而是要充分发挥自身的创新性，将非遗文化的内在精髓与现代审美价值相结合，让非遗文化创意产品符合现代人的生活需求与审美情趣。要做到这一点，需要强调"创意"，要对非遗文化进行创意性加工。创意性原则是非遗文化创意产品设计的重要原则，是非遗文化借助文创产品转化为非遗文化创意产品的必经之路。

（1）非遗文化转化为创意元素

设计师在基于非遗文化设计非遗文化创意产品之初，要运用创意思维将非遗文化转化为创意元素。如设计师要设计和再加工原有的非遗造型、非遗图案和色彩，使之变成组成创意产品的基础创意元素。设计师将非遗文化转化为创意元素时，要充分发挥创意思维的作用，避免元素千篇一律和平庸化、同质化。此外，非遗文化是过去流传下来的文化形式，其精神内涵和审美特点并不一定符合当今时代人们的标准。因此，设计师在将非遗文化转化为创意元素时，要为之注入时代精神，顺应时代做出调整。非物质文化遗产创意产品的创意创新在于突破文化壁垒，既要突破传统文化与现代文化的壁垒，也要突破我国文化与外国文化的壁垒，转化后的非遗文化创意元素要更加符合当代人的审美标准，也要易于被外国人理解和接受，以传扬我国非遗文化。

（2）统一非遗文化与创意设计

非遗文化创意产品设计的一个重要目的是传承与发扬我国珍贵的非遗文化，设计师在设计非遗文化创意产品时要时刻牢记这一宗旨。如果非遗文化创意产品片面强调其创意性而忽视文化性，则创意的价值不在；如果非遗文化创意产品在创意中曲解了非遗文化，则创意的价值不在。因此，非遗文化创意产品设计要做到创意设计与非遗文化的统一，创意是传达非遗文化的手段，非遗文化是创意设计的底蕴，两者要在设计中统一。

4. 可行性原则

非遗文化创意产品作为一种面向市场销售的商品，其设计需要经过客观、全面的市场调研分析，需要在设计前定位目标人群和目标市场，在明确未来前景的基础上进行设计。此外，非遗文化创意产品的设计还需要考虑材料来源与生产工艺,以确保非遗文化产品所具有的现实可行性(图3-15)。

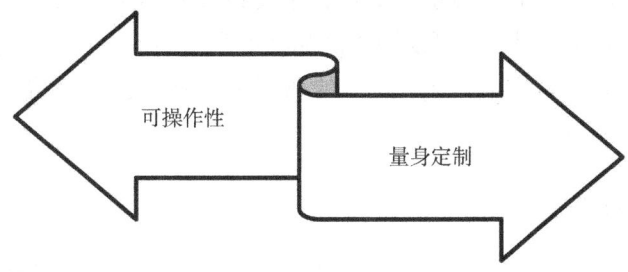

图3-15 非遗文化创意产品设计的可行性

(1)可操作性

非遗文化创意产品的设计要服务于生产,不可天马行空、不着边际。因此,设计师在设计时,要切实考虑非遗文化创意产品的可操作性。非遗文化创意产品设计之初,设计师需要考虑以下因素:其一,非遗文化创意产品的目标与受众人群;其二,非遗文化创意产品所在的社会、历史与人文环境;其三,非遗文化创意产品的功能与文化定位;其四,非遗文化创意产品的工艺技术、材料;其五,非遗文化创意产品的表现形式;等等。非遗文化并不适应于现代市场经济,因此在设计非遗文化创意产品时要找到市场前景,使之在市场经济活动中获得经济效益。

(2)量身定制

非遗文化的类型多样,因地域与民族差异巨大,非遗文化创意产品设计时要考虑具体的非遗文化,做到为目标非遗文化进行量身定制,避免笼统地对非遗文化进行生搬硬套。如果非遗文化创意产品不能体现具体的非遗文化内涵和意义,既不能传承非遗文化,也不能在市场竞争中脱颖而出,因而不具备可行性。

5. 传承性原则

非遗文化创意产品设计的根本目的是弘扬和传承非遗文化,传承性原则是非遗文化创意产品设计中的重要原则之一。传承性的实现需要通过继承和创新两条途径。非遗文化创意产品在继承非遗文化时需做到取其精髓、去其糟粕,弘扬和传承其中符合现代人价值和审美标准的部分,淘汰其中落伍的部分。非遗文化创意产品传承性需要把握传承与创新的关系,即今天的创新是明天的传承,明天的传承就是未来的创新。

非遗文化创意产品的传承性实现,主要体现在两个方面:其一,非遗文化创意产品得到市场认可,可以通过产品将产品背后的文化传播给更多的人;其二,非遗文化创意产品得到其他国家或民族的认可,可以将本国或本民族的文化传递发扬出去。

6. 体验性原则

文化不是束之高阁的装饰品,文化在于体验,而如今盛行体验经济。体验经济时代,消费者越来越重视产品的体验效果。基于此,非遗文化创意产品设计要以消费者为核心,力求带给消费者特定的文化体验,满足消费者的体验需求,非遗文化创意产品要带给消费者精神上的满足、情感上的愉悦。还要带给消费者互动体验,以此增强产品的吸引力。设计师可以深入分析目标受众的心理需求,设计非遗文化创意产品的形态、色彩,选择适合的材料,注入现代科技元素。非遗文化创意产品若是具备互动体验性,能够带给消费者参与感和情感满足感,则能在当今的体验经济时代实现市场价值的最大化。

7. 地域性原则

非遗文化源自各个地区的风俗文化与生产生活方式,是特定自然地理环境、风俗人文环境的集合,人们可以在非遗文化中看到该地域的特征。非遗文化具有显著的地域性,而以非遗文化为基础的非遗文化创意产品设计需要遵循地域性原则。即便是同种非遗文化项目,其在不同的地域发展演化,最终又特征各异,各不相同。我国大江南北都有年画,而不同地域的年画具有不同的造型审美特征、不同的线条装饰技法、不同的色彩搭配习惯等。例如,天津杨柳青的年画人物,独具精细的脸部细节,需要手艺人在木版印刷之后手工绘制人物的眉眼,为人物敷粉点红。四川绵竹年画手艺人上色迅速,色彩具有率性洒脱的特征,名为"填水脚"。我国各地的年画在延续年画艺术共性的同时,发展出本地区独有的特征,因而各地的年画都是独一无二、不可替代的。设计师在设计非遗文化创意产品时,要明确地认知同类非遗文化在各地域的不同表现,谨防出现张冠李戴的情况。比如设计师在为乙地设计非遗文化创意产品时误用了甲地的非遗文化元素,这就是不合时宜,不符合非遗文化创意产品的地域性原则。

（二）非遗文化创意产品的设计思路

非物质文化遗产创意产品的消费者倾向于购买具有丰富的非物质文化内涵和精妙创意，既具有较高的审美性，又具有实用功能或纪念意义的非物质文化遗产创意产品。因此，设计师在设计非物质文化遗产创意产品时，既需要深入挖掘非物质文化遗产下的内在文化底蕴和质朴深厚的传统美感，还需要将产品的功能形式与文化内涵相统一，拉近非物质文化遗产创意产品消费者日常生活之间的距离。基于此，非物质文化遗产创意产品的设计可以依循以下思路（图3-16）。

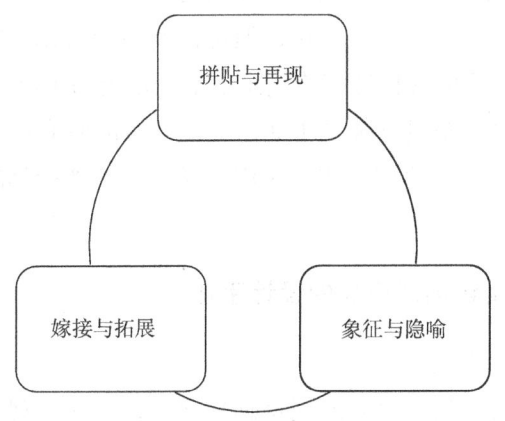

图3-16 非遗文化创意产品的设计思路

1. 拼贴与再现

非遗文化创意产品的拼贴与再现设计思路，是指直接将非遗文化元素与文化创意产品相结合。在此思路下，非遗文化元素在非遗文化创意产品中的呈现是直接的。在拼贴与再现设计思路下，非遗文化元素在非遗文化创意产品上的表现是客观的、可视的，可以清晰地看到产品上的非遗图形和色彩元素。拼贴与再现设计思路中要避免不假思索的"拿来主义"，设计师在运用非遗文化元素时，需要通过合理、巧妙地处理，使非遗文化元素与非遗文化创意产品的主题相契合。

2. 象征与隐喻

象征与隐喻设计思路中，象征指设计师将意图表达的信息在设计形象中间接地传达出来；隐喻指设计师用一种事物表达另一种事物。象征与隐喻设计思路不能直接表达信息和意义,而是借助外物表达。象征设计思路中,设计师用以象征的借用之物和原物的关系是自由的,两者可以没有直接联系;隐喻设计中,设计师借用之物与原物需要具备一定的关联性。象征与隐喻的设计思路符合中国传统的含蓄审美特征,能够使非遗文化创意产品内在的理念与寓意更含蓄、丰富,给人以耐人寻味之感。

3. 嫁接与拓展

嫁接设计思路是指设计师将多种非遗文化元素融合到同一件非遗文化创意产品中。用以融合嫁接的非遗文化元素可以是造型元素、色彩元素、材料元素等多种非遗文化元素相互嫁接,但嫁接要使所有元素能够服务于同一种主题或情感,使元素的嫁接能够传达比单个元素更为丰富的信息。

拓展设计思路是指设计师基于非遗文化元素的原有性质,拓展其表现形式,拓展产品的功能、使用方式、应用途径,以增加产品的附加值、提高产品的市场竞争力。

(三)非遗文化创意产品的设计手法

(1)形态转化法

形态是人们对事物最直观的视觉感受之一,当人们观察一种事物时,首先会观察到它的形态,即事物的边界线,也可以称为轮廓线。总的来说,事物的形态可以分为两类,即自然形态和人造形态。自然形态指自然界的事物,如动物、植物等在自然生长中呈现的外在形态;人造形态指人类根据自身需求和审美所创造的外在形态或轮廓。圆形是一个著名的人造形态,中国人尤其喜欢圆形,因为圆形寓意着圆满,中国传统文化中赋予"圆"丰富的社会和人文寓意。运用形态转化法进行非遗文化创意产品设计,设计师可以提取非遗文化元素中的代表性形态,将之直接运用或化用到产品设计中。在形态转化法设计出的非遗文化创意产品中可以看见非遗文化中的典型形态元素,但赋予非遗文化元素以全新功能。

形态转化法也可以运用局部放大,通过轮廓概括等方式提取非遗文化中的形态元素,并将之运用到非遗文化创意产品设计之中。

(2)色彩借鉴法

色彩是视觉设计与造型设计领域中最为重要的元素之一。色彩能够赋予形式以特定的美,色彩还能传达信息、渲染情感、影响人的心情。非遗文化创意产品设计时,设计师可以从非遗文化或艺术品中提取出具有代表性的色彩,将之赋予非遗文化创意产品,色彩延续非遗文化与非遗文化创意产品之间的关系。

(3)材质应用法

材料代表事物的组成性质,不同的材料不仅可以给人不同的视觉感受,还能给人不同的情感感受。例如,金属类材料给人冷漠之感,布料给人柔软之感,混凝土材料给人坚硬之感。因此,材料的不同也决定产品的造型。设计师在选择非遗文化创意产品材料时,不仅要考虑材料的实用功能,即材料的耐久性和安全性,还要考虑材料带给人们的心理感受。此外,不同材料的搭配也会带给人们不同的感受。这些都值得设计师深入思考。

(4)功能结合法

非遗文化创意产品的设计需要满足人们的特定功能需求,基于非遗文化的非遗文化创意产品设计,既需要承载特定的非遗文化,还应具备一定的功能。纵观先进的博物馆非遗文化创意产品设计可知,博物馆从各类配饰、家具物品、文具等方面着手,让非遗文化与特定功能产品相融合。随着时代发展,一些非遗文化已经不再具备社会功能而沦为象征符号,设计师应运用功能结合法,将这类非遗文化元素与现代具有特定功能的产品相结合,赋予其新的功能。

(5)故事转换法

故事转换法是我国博物馆设计非遗文化创意产品时最常用的手法之一,即以非遗文化符号中所涉及的人物故事和传说为主题,对其进行创造性构想或寓意化改编,让人物故事或传说与产品结合在一起。

(6)情景故事法

情景故事法指设计师通过营造具体情景的方式,向人们展示特定年代的故事场景。情景故事法能够呈现特定年代的韵味,唤醒人们的情感和记忆。

(7)隐喻内敛法

隐喻内敛法指设计师在深入了解非遗文化的基础上,提取非遗文化元素背后的文化内涵和精神价值观念,并与现代审美相结合,创造出非遗文化内核与现代审美相统一的产品。设计师在运用隐喻内敛法设计非遗文化创意产品时,要有针对性地提取出所需的非遗文化元素,并将它们进行打散重构等处理,最终创造出精巧、雅致而又具有深厚文化内涵的非遗文化创意产品。

(四)非遗文化产品设计的创意策略

1. 基于传统工艺进行非遗文化产品创意设计

现代设计师在将非遗文化转化为非遗文化创意产品时,必须立足于一个重要的概念上,即"核心工艺"。形形色色的非遗文化的生产工艺各不相同。核心工艺通常指有关手工工艺的知识经验,在民间最普遍的存在,形式是主观的、纪实性的,因材、因时、因地而异,这里人的因素、时间因素、空间因素、物质因素,都是影响手工艺质量的变量。手工工艺的本质不是工具所蕴含的技术性,而是个体的技能技巧。尽管变化是手工艺的常态,但对于任何一门传统手工艺而言,变中总有相对不变的因素,否则既没有传统可言,也没有独立存在的价值。这种相对不变的内核可以称作决定某门手工艺独特性的核心工艺。

非遗文化中的核心工艺不仅是一种手工艺形式,还具有内在的造物哲学观,反映人们的生活态度和风俗习惯,具有深厚的人文内涵。非遗文创设计师需要关注和深入学习非遗产品的核心工艺,并在此基础上进行非遗文化创意产品的设计。总的来说,非遗文化创意产品是基于传统工艺的设计方向,即提高手工效率保障品质、改进工艺改变材料造型和提供材料引导手工体验。每一件优秀的非遗文化创意产品都离不开设计师深厚的文化积淀、丰富的设计经验和爆发的创意灵感。如果一个非遗文化创意产品设计师对非遗文化缺乏足够深入的了解,仅凭想象是无法将创意变为现实的,其设计出的产品也很难具备可生产性和市场价值。

(1)提高手工效率保障品质

特定的非遗文化表现出特定时期的生活形式,非遗文化是我国传统生活的表现形式,许多非遗文化项目采用天然材料,经过手工打造。手工生产产品的标准缺乏一致性,但传统手工艺人以其精湛的手工工艺技术,使非遗文化产品的水准能够得到保值,其标准在一定范围内是一致的。手工艺人是非遗物品品质得以保值的关键,但手工生产效率较低,产量较少。为了提高手工生产效率,许多非遗文化创意产品的制作采用"流水线"的工作模式。

"流水线"生产模式指将非遗文化创意产品生产的过程分成多个不同环节,每一个环节由一个或一群专人负责。"流水线"生产模式既能够保障非遗文化创意产品的品质,又能够提高生产效率。纵观我国非遗物品的生产历史可知，"流水线"式的生产模式早已存在。在"流水线"生产模式下，手工艺人因精于某个环节而能大大提高生产效率。例如，非遗文化创意产品设计工厂中，以生产北京"兔儿爷"著名的北京吉兔坊就是"流水线"生产模式运用的代表案例。吉兔坊的负责人为了提高"兔儿爷"非遗文化创意产品的生产效率，将生产线分为多个环节，分别由不同的手工艺人专门负责。其环节主要有捏泥人环节、翻模环节、彩绘环节等，还有专门负责产品设计和包装设计的部门，以及把控生产出品的审核部门。吉兔坊通过严格把控"流水线"生产每一个环节的标准和质量，控制"兔儿爷"非遗文化创意产品的质量。在"流水线"生产模式下，同一批次的非遗文化创意产品可能会存在细微的差异和较小的瑕疵，但不会出现过大的产品质量落差。

又如，北京红灯厂基于我国著名的非物质文化遗产——北京彩灯，进行宫灯类非遗文化创意产品和花灯类非遗文化创意产品的开发。北京红灯厂早在清朝时期已经以"流水线"模式进行宫灯和彩灯的生产，北京红灯厂的师傅大多各擅长一项，有的师傅擅长木工、有的师傅擅长雕刻、有的师傅擅长编结、有的师傅擅长绘画，他们在不同的生产流水线上各司其职。这种分工不仅提高了北京红灯厂的生产效率，还保障了其产品质量。

（2）改进工艺改变材料造型

一些非遗文化创意产品的设计直接与国家重要非遗传承项目挂钩，这类非遗文化创意产品所承担的任务众多，主要有：其一，承担宣传国家非遗文化的任务；其二，承担宣传非遗旅游项目的任务；其三，承担打开非遗商品市场的项目；其四，承担拓宽非遗项目产业的任务；其五，承担以产业发展带动和养活传统非遗工艺的任务。例如，著名非遗文化创意产品"唐娃娃"的创意灵感，源于国家级非遗文化项目"北京绢人"。"唐娃娃"非遗文化创意产品的制作工艺是基于"北京绢人"的传统工艺，并改变"北京绢人"的材料和造型。为了降低制作工艺的难度和制作成本，"唐娃娃"非遗文化创意产品改变"北京绢人"的头饰掐丝编制技法和部分人偶制作材料。

就我国的传统工艺而言，"礼失求诸野"在本土衰落，却在日本得到更好的传承和保护。因此，我国在传承和发扬本国非遗文化的同时，也可向日本学习，寻找失落的传统文化。为了迎合现代人的审美，"唐娃娃"非遗文化创意产品改变"北京绢人"的梳头方法，并在造型上借鉴日本人偶的风格。为了节省"唐娃娃"非遗文化创意产品的物料成本和工时成本，唐人坊放弃了"北京绢人"的部分传统工艺，而以更为现代和高效的热转印和丝网印技术替代。为了提高"唐娃娃"的生产制作效率，唐人坊放弃了"北京绢人"的手工泥塑工艺，而是以特殊石膏塑脸，以树脂或塑料制成。"唐娃娃"非遗文化创意产品在改变传统工艺、材料和造型的同时，并未丢失"北京绢人"独有的特征和韵味，这就是所谓的"形变而神不变"。

唐人坊积极开拓"唐娃娃"非遗文化创意产品市场，积极参与文博会、旅商会、艺博会等文创宣传活动，并根据日本卡通娃娃的形象，设计出更符合市场需求的"Q版唐娃娃"。"Q版唐娃娃"的人物造型借鉴日本动漫人物的造型，脸庞较传统的"北京绢人"而言更圆润，眼睛被夸张地放大，鼻子和嘴则非常小巧。"Q版唐娃娃"小巧可爱，广受市场欢迎。

（3）提供材料引导手工体验

非遗文化中的手工制作工艺本身就是非遗文化的重要组成部分，也可以把手工制作工艺设计成为非遗文化创意产品。引导消费者亲身体验非遗文化创意产品手工制作的过程，使其更具市场卖点，也是非遗文化传承深度体验的一种途径。如今，市场上有很多商家开发非遗手工材料包产品，让受众可以通过教程和材料包，切身体会非遗文化创意产品的制作过程，并收获亲手制作的非遗文化创意产品。材料包的开发无疑是一种简单快捷、传播面更广的推广非遗文化方法。传承人和设计师确定产品项目，然后设计手工制作流程和所需材料，配置相应的材料包，消费者购买材料包，依照教材进行手工制作。为了确保消费者手工体验的顺利，设计师需要制作出详细的手工教材。对制作步骤较为简单的非遗文化创意产品而言，材料包中附加手工说明书即可。对制作工艺复杂的非遗文化创意产品而言，设计师需要拍摄详尽的手工教材视频，可在材料包中附加二维码，供消费者扫码获取。

例如，"竹芸工房"基于我国历史悠久的非遗文化项目——乌镇陈庄竹编，设计出一系列竹编类手工体验文化创意产品。"竹编传播家"是"竹芸工房"的非遗文化创意产品开发理念，基于此，"竹芸工房"从两个方向进行手工体验产品的开发。其一，出售材料包。"竹芸工房"结合时下流行的手工DIY方式，设计开发出各类竹编手工材料包产品，消费者可以通过线上或线下途径购买材料包，并从材料包附带的教程中学习竹编手工工艺；其二，开设教程。"竹芸工房"创办竹编手工艺教程，招收学习者，促进乌镇陈庄竹编文化的发展和传承。竹编工艺作为传统工艺中的一种，自然和传统的气息能够带给现代社会中长期生活在城市中的人一种田园时代的韵味。"竹芸工房"开发的竹编手工体验产品深受城市消费者的青睐。

又如,"兔儿爷"是北京传统习俗中重要的节令玩具,其形象为兔子的脑袋、人的身形。北京传统兔儿爷的形象各异,有骑象兔儿爷、骑虎兔儿爷、骑麒麟兔儿爷、骑马兔儿爷、端坐莲花兔儿爷、坐葫芦兔儿爷以及腾云驾雾兔儿爷等传统造型。兔儿爷的造型常与传统京剧造型结合,衣着华丽,造型中蕴含吉祥的寓意。传统的"兔儿爷"制作是泥胎翻模彩绘工艺,这一工艺早在明朝时期已经发展成熟。

北京人古来就有中秋到东岳庙的兔儿爷山"请兔儿爷回家"的传统习俗,兔儿爷也是北京人年节时赠送亲朋好友的礼物。吉兔坊以北京兔儿爷非遗文化为基础,改进传统的工艺、材料和造型,产业化制作兔儿爷,将兔儿爷非遗文化创意产品打造成一种"北京礼物",北京人走亲访友,外地人来北京旅游皆可购买吉兔坊出品的兔儿爷。此外,为了更好地传承兔儿爷这项非遗文化的工艺,吉兔坊还开发制作了兔儿爷材料包,消费者可以购买兔儿爷的素坯和颜料,根据吉兔坊提供的教程自己制作。

2. 基于传统题材进行非遗文化产品创意设计

(1) 提炼传统题材进行造型

纵观当今非遗文化创意产品设计的情况,提炼传统题材进行造型是设计师最常见的设计手法之一。这类非遗文化创意产品在市场上的占比较高,深受消费者的青睐。传统非遗题材中蕴藏着丰富的视觉审美要素,设计师从中提取出具有非遗文化代表性,又具有视觉冲击力的元素,将之设计成富有文化内涵的图案和元素,印在各类用具上。这类产品既具有审美性,又能满足产品的实用功能。例如,现代设计师从传统的苗绣、蜡染、京剧脸谱、年画中提炼出具有代表性的图形,通过印刷或热转印等方式,将之印在服装、生活用品中,制作成非遗题材的文化创意产品。

提炼传统题材进行造型制出的非遗文化创意产品,虽然传承和发扬了非遗文化元素,但并不能直接帮助非遗传承人。此类非遗文化创意产品的获利,无法有效返还到非遗传承人手中,因为设计师在设计过程中并不一定需要非遗传承人的合作和帮助。由于版权的不完善,许多设计师和厂商未向非遗传承人支付改编版权费用。我国需要完善非遗文化的相关版权法律与制度,才能以非遗文化创意产业的发展带动非遗文化的传承。

(2) 对传统题材进行衍生设计

除了提炼传统题材进行造型外,设计师也常对非遗传统题材进行衍生设计。对非遗传统题材进行衍生设计的使用范围更广,既适用于传统的图案艺术,也适用于戏剧、戏曲、民俗、文学等。

3. 基于传统图案进行非遗文化产品创意设计

传统图案涵盖中国传统文化中设计的所有图案造型,主要包括民间艺术中的图案、宗教信仰中的图案、民俗活动或仪式中的图案、传统生活中的图案、器物造型装饰图案、民族服饰图案、建筑民居图案,等等。我国传统图案是传统文化中最直观的,也是保留最为完整的一部分,反映我国传统文化古老、深邃的内核,设计师在非遗文化创意产品设计中传承传统图案,就是传承和弘扬我国传统文化。

非遗文化创意产品设计中多选用传统图案作为外观装饰,传统图案是特定习俗、信仰、时代的代表,将之用于非遗文化创意产品的外观装饰,则可以反映特定习俗、信仰、时代下的非遗文化。如今,市场的发展日趋多元化,越是具有民族、传统特征的产品,越能够在市场竞争中脱颖而出。传统图案在非遗文化创意产品外观设计中的运用,是对民族文化的直观呈现,有助于我国文化创意产品走向世界。因为民族的就是世界的,越具有民族性的产品,越能够在国际市场竞争中占据优势。

传统图案在非遗文化创意产品中的运用,不能生搬硬套,呆板复刻,而是应将传统图案的文化内涵与非遗文化创意产品设计的主题理念融为一体。传统图案的内涵经由历史发展和沉淀,具有丰富的象征意义,非遗文化创意产品的设计主题可以借助传统图案象征意义含蓄表现。此外,传统图案中有不符合时代价值和审美的地方,设计师在运用传统图案时要立足于时代加以取舍,去其糟粕,取其精华,提炼传统图案精髓,并融入时代元素加以表现。

设计师在运用传统图案进行非遗文化创意产品设计时要充分发挥想象力,勇于打破传统图案应用的"疆界",不拘一格进行创新。例如,我国非遗文化创意产品中多见国画图案、戏剧图案的应用,但多为刻板应用,设计师若能够摆脱直接挪用图形的境界,在传统图案中注入传统画意精神,以高超的想象力与创新能力,让传统绘画、戏剧的人文之美与产品合为一体,则能够设计出更加优秀的甚至可以走向国际的非遗文化创意产品。

第四章 文创出圈——IP 孵化

超级 IP 指具有内容力及自流量，拥有魅力人格的 IP，能唤醒人们对群体的尊重，包含五大关键词，分别是内容、人格、原创、流量、商业化。泛娱乐时代背景下，IP 运营的核心是企业以开放共赢的姿态，开展跨平台、跨行业、跨市场的跨界合作，实施 IP 联动开发，在研发、生产、营销、发行、衍生、粉丝运营等一系列环节资源共享、通力合作，最终打造出完善的 IP 泛娱乐产业链，最大程度上释放 IP 资源的巨大潜在价值。

第一节 内容产业的 IP 打造与运营

一、网络文学 IP 的打造与运营

（一）网络文学：IP 产业链的源头

在泛娱乐时代背景下，文化产业的界限日益模糊。围绕 IP 粉丝经济，借传统媒介、移动互联网、互联网三大渠道，动漫、游戏、影视、综艺节目等文化产业中的暴利行业被超级 IP 串联在一起。如今，超级 IP 抢夺战愈演愈烈，导致 IP 价格飙升，亿万资产存在巨大的泡沫隐患。在泛娱乐 IP 产业链中，网络文学占据源头地位，相关企业要从打造网络文学作者生态、统筹运营、明确 IP 价值公式三方面出发，推动 IP 价值实现品牌化。

2015 年被称为"IP 元年"，在此之前，人们对 IP 的理解还局限在知识产权的缩写方面。2015 年以后，随着一大批由网络小说改编而来的电影、电视剧的播出，在内容生产者与渠道商眼中，IP 成为一个流行词汇。

如今，人们宣称"得 IP 者得天下"，从资本市场的反应来看，IP 对股

价联动有非常重要的影响。以《花千骨》为例，随着电视剧《花千骨》的播出，《花千骨》出品方慈文传媒借壳禾欣股份上市，十天之内，禾欣股份9次涨停。再比如，随着电影《大圣归来》的热映，其一大投资方世纪长龙影视也连续涨停。《琅琊榜》也是如此，随着《琅琊榜》的播出，一个月的时间，天神娱乐的股价涨了近三成。

在泛娱乐时代，文化产业的边界日渐模糊，在超级IP作用下，动漫、游戏、影视、综艺节目等暴利行业被串联起来，形成一个泛娱乐IP产业链，在这个链条中，网络文学占据源头地位，以最简洁的输出形式构建稳定的粉丝基础及坚硬的需求壁垒，为动漫、影视、游戏等行业提供源源不断的版权内容。具体来看，泛娱乐IP产业链包含以下内容：游戏改编、动漫改编、影视及舞台剧改编、周边、音频、线下活动、繁体出版及海外版权、简体出版。

在网络文学领域的众多企业中，阅文集团储备了大量网络原创内容，对国内文化创意产业产生巨大影响，《步步惊心》《盗墓笔记》《鬼吹灯》《琅琊榜》等改编作品起源于这里。另外，阅文集团在国内外出版流通的作品有2000多部，改编成影视作品、游戏、话剧、动漫的作品有1000多部。

在中国，热门事物遭到抢购是常态，所以优质IP被抢购纯属正常。由于影视公司、视频网站对优质IP疯狂抢购，作为IP核心来源地之一的网络作品，其价格也随之飙升。在2012年之前，一部网络小说的版权费不足10万元；2014年，知名作家的作品版权费超过百万元；如今，南派三叔、唐家三少、天下霸唱等作家的作品版权费甚至超过千万元。

如今，以网络原创文学开源引领的国内版权开发已告别过去单线授权、零星开发模式，构建全娱乐产业链，甚至全娱乐产业网。但是，IP市场存在的混乱IP售卖、转卖、囤积等现象，不仅无法使资源得到合理配置，IP衍生红利无法实现，还会导致整个原创市场萎缩。所以，在IP时代，企业必须构建一个全IP开发产业链开发新生态，该生态要具有多元化、深入发展的双重特点。

（二）网络文学IP的版权运营模式

整体来看，我国虽然存在大量的网络文学网站，但其运营模式并没有太大差异，普遍采用VIP付费阅读模式。从收入来源看，付费阅读、版权销售、广告收入等都是网络文学网站的收入来源，而付费阅读收入在总收入中占比70%。近几年，由于内容产业的崛起，优质IP爆发出巨大能量，而受众群体广泛的网络文学作品，无疑是国产优质 IP 的一大主流来源。近年在朋友圈持续刷屏的《花千骨》《楚乔传》等热门 IP 大剧，都是根据网络小说改编而来。

腾讯文学、盛大文学等网络文学内容供应商开始尝试从以用户付费为主的商业模式，向 IP 版权运营为主的商业模式转型，通过延长网络文学产业链，将优质 IP 版权多层分销，从而实现 IP 商业价值最大化。

在泛娱乐时代，网络文学作品能够被改编成为游戏、动漫、动画、电影、电视剧等内容产品，并且从中拓展出手办、周边、主题公园等衍生品，为内容生产者及版权方带来前所未有的重大发展机遇。为了实现版权价值最大化，实现全版权运营的网络文学 IP 授权分成及自主开发模式渐成主流。和付费阅读相比，通过对热门 IP 版权进行开发，显然能够带来更为丰厚的利润回报。

网络文学 IP 变现渠道愈发多元化，游戏、动漫、话剧、影视剧等诸多形式的内容作品都成为其变现渠道。更为关键的是，网络文学平台上聚集海量的用户群体，能够得到认可的网络文学作品本身已经存在海量的粉丝群体，成为网络文学 IP 跨渠道变现的强有力支撑。

由《花千骨》《楚乔传》《琅琊榜》《盗墓笔记》等网络小说改编的电视剧大获成功，为版权方创造了丰厚的利润回报；现象级盗墓网络小说《鬼吹灯》改编的两部电影，同样取得了票房与口碑的双丰收；《莽荒纪》《斗破苍穹》等网络小说改编的手游也吸金无数，网络文学 IP 跨渠道变现俨然已经迎来风口期。

唐家三少、天蚕土豆、南派三叔等顶级网络文学作家年收入过亿，其作品被改编或筹备改编成为游戏、电影、动漫、电视剧等文娱作品所带来的版权收入，也使起点、纵横等网络文学网站获得巨额的利润回报。当然，商业价值得到全面释放的优质 IP 资源，自然也受到各大内容平台拼抢，优质 IP 版权费用水涨船高，人们对热门 IP 版权成交价上千万，甚至过亿的报道已经屡见不鲜。

网络文学 IP 自带海量的忠实粉丝群体，对这类 IP 进行开发，在降低营销成本及控制投资风险方面具有明显优势，而手游、影视等网络文学下游产业的快速崛起，更是为基于网络文学 IP 打造完善的泛娱乐生态打下坚实基础，以《琅琊榜》《花千骨》为代表的全版权运营成功案例产生了强大的示范效应，再加上投资机构的疯狂涌入，更是为网络文学产业链的逐步完善，以及 IP 多渠道变现提供了巨大的想象空间。

(三)网络文学IP的发展趋势

2017年以来,IP热度持续走高,在各路玩家争抢下,IP版权价格保持快速增长,同时,越来越多的创业者及企业进军IP市场。

在网络文学IP的强大造富能力被全面释放的背景下,很多知名网络作家刚开的新书版权被企业以数百万元甚至上千万元的价格买走。在为IP版权成交价格接连刷新纪录而感到兴奋的同时,从业者更应该冷静下来,思考网络文学产业甚至是整个泛娱乐产业发展的核心所在。

网络文学IP的发展趋势如下(图4-1):

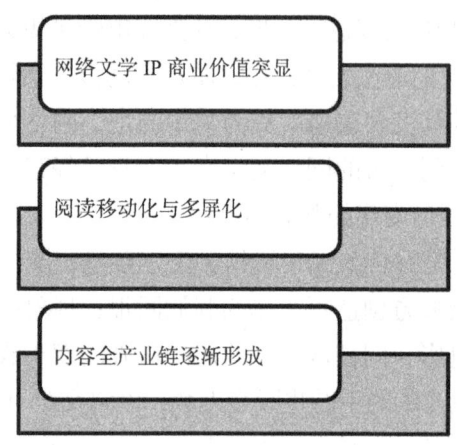

图4-1 网络文学IP的发展趋势

1. 网络文学IP商业价值突显

在易观智库、艾瑞传媒等知名市场研究机构发布的统计数据中,网络文学用户对其关注的网络文学IP有着较高的消费意愿,是企业重点关注的高价值目标群体。由网络文学IP授权改编而成的游戏、影视剧等,在用户流量方面具有先天优势,能够为版权方拓展泛娱乐产业链提供广阔的想象空间。

从近年来的泛娱乐产业实际发展情况来看,市场中确实存在以《花千骨》《琅琊榜》《楚乔传》等为代表的热门网络文学改编而成的影视剧大获成功的案例,也充分证明网络文学IP所具有的巨大商业价值。为了整个IP市场以及泛娱乐产业的长期发展,人们需要回归到为用户创造价值的本质中来,从生产优质IP的角度切入,才能让网络文学平台打造出强大的核心竞争力。

2. 阅读移动化与多屏化

在移动互联网的支撑下,以智能手机、Pad 为代表的移动终端给人们的生活及工作带来极大便利,排队付款、等公交车等碎片化时间得到充分利用,而利用这些时间阅读网络小说无疑是"90 后"及"95 后"年轻群体尤为青睐的娱乐方式。尤其值得人们关注的是,PC 端网络文学平台经过多年的积累与沉淀,在内容数量方面拥有较大的领先优势,移动端网络文学平台更多的是扮演推广渠道的角色。移动互联网时代来临后,网络文学用户在同步阅读、多屏同源方面的需求在短时间内集中爆发,网络文学开始进入 PC、智能手机、Pad、电子阅读器等多终端共存的局面。

3. 内容全产业链逐渐形成

网络文学版权由著作权、商标权及专利权组成。在泛娱乐产业快速崛起的当下,网络文学作为提供内容的主流渠道,其版权被提高到前所未有的高度。拥有网络文学的版权在产业链中才具有较高的话语权,目前各大内容平台为了抢占内容版权方面的优势,开始投入大量资源用以培养优秀内容生产者。

作者、编辑等内容生产者受到平台方的高度重视,通过给予丰厚的利润分成吸引其加入,争取创造更多的优质内容作品。百度、阿里、腾讯等互联网巨头在网络文学领域的布局力度越来越大,并且都建立了网络文学部门,负责在内容产业领域开疆拓土。

网络文学产业也迎来转型升级期,与游戏、影视、动漫等诸多文娱产业之间的跨界联动成为常态,从而催生出存在巨大发展前景的泛娱乐文化产业。

在网络文学产业链的各个环节都有企业尝试向产业链上下游不断拓展,争取实现全产业链运营,从而打造出能够为用户群体提供一站式文娱服务解决方案的综合性平台。基于热门网络文学 IP,开发动漫、游戏、影视剧、周边衍生品等文娱作品,已经初步形成一条完善的产业链。网络文学企业的盈利模式开始从以付费阅读为主,升级为"以 IP 为核心,全产业链、全媒体运营"。起点文学、纵横中文网等网络文学平台开始布局传统出版商的线上发行业务,在资金、渠道等方面给予支持,借助其拥有优质内容资源吸引并沉淀更多的忠实用户。

海岩、都梁、郭敬明等知名作家已经签约起点中文网等网络文学平台,血红、唐家三少、当代明月等网络作家也成功加入中国作家协会,标志着传统文学与网络文学之间开始进入互补融合阶段，贴在网络文学上的快餐文化、缺乏逻辑性及文学性等负面标签有望被逐渐弱化，从而为内容生产者创造出更多优质的内容作品奠定坚实基础。

（四）衍生变现：改编游戏与影视

毋庸置疑的是，由网络文学 IP 改编的游戏、影视剧必须在保持原作特性的基础上进行创新，才能满足大众群体的消费需求，如果仅是针对网络文学用户开发定制游戏或者影视剧，需要承担较高风险，毕竟网络文学作品的读者规模是相对有限的。所以，对网络文学 IP 进行筛选显得尤为关键，具有广阔改编空间的 IP，通常更容易获得成功。

虽然和动漫、游戏等具有视听体验的文娱作品相比，网络文学作品表达的信息相对有限，难以在瞬间产生强烈的视觉冲击力，但其为读者提供了广阔的想象空间，正如莎士比亚所说"有一千个读者，就有一千个哈姆雷特"，名著被改编成影视剧后，表面上看是对作品进行推广普及，但会扼杀人们的想象力，使原本有多种面孔的形象被固化。所以，纯文本的网络文学作品会有更大的改编空间，从而成为优质 IP 资源的一大主流发源地。

游戏与影视剧是网络小说 IP 的两大主流衍生方向，目前市场中已经出现由网络小说 IP 改编游戏及影视剧而大获成功的典型案例，相对于其他衍生方向，网络小说 IP 向游戏与影视剧延伸已经具备相对完善的产业链。

在网络小说 IP 改编游戏方面，具有战斗与竞技两大要素的东方悬疑类网络小说 IP 受到各大游戏厂商的追捧。在起点、纵横、掌阅等主力 IP 平台中，商业价值排行榜中位居前列的 IP 作品，主要是东方玄幻、悬疑及动作类，这一点在游戏厂商公布的营收数据中也得到了很好的证明。

在 IP 价格日渐走高的局面下，以腾讯游戏、蜗牛游戏、巨人网络、网易游戏、龙图游戏、37 互娱为代表的游戏厂商纷纷投入大量资源购买网络小说 IP 游戏改编权。由于游戏用户群体付费意愿较强，而且容易产生冲动消费，在价值变现方面具有明显优势，即便意识到当前的网络文学 IP 价格虚高，但仍有许多游戏厂商愿意为之买单。

在网络文学 IP 改编影视剧方面，《花千骨》《芈月传》《琅琊榜》《楚乔传》等近年来掀起广泛热议的影视剧，都是由网络文学 IP 改编而来。通过出售网络文学 IP 的影视剧改编权，也为内容生产者及网络文学网站创造了高额的利润回报。

对于以内容为生的视频平台,只有为用户提供充分满足其需求的优质内容,才能留住用户,从而吸引广告商并刺激用户成为付费会员,而平台的内容来源主要有三种:用户上传的内容、平台购买的内容以及平台自制内容。

用户上传的内容质量参差不齐,平台也没有这些内容的独家播放权。购买内容虽然可以保证质量,但成本极高,此前曾经在爱奇艺热播的韩剧《太阳的后裔》的版权价格为每集23万美元,总价格高达2400万元。自制内容是各大视频平台想要发力的重点领域,只不过考虑到自制内容需要耗费较长的周期,目前视频平台普遍采用的是"版权+自制"的内容战略。

由于游戏厂商与视频平台在网络文学IP衍生内容方面获得了相当可观的利润回报,从而引发网络文学IP抢购热潮,市场中经过多年积累的网络文学IP数量大幅度减少,进一步促进IP价格飙升,从而形成恶性循环。

未来,在网络文学IP改编游戏及影视剧成功案例的激发下,游戏厂商及影视企业抢购IP的热潮还将持续一段时间,而网络文学从业者应该认识到有价值的网络文学IP才是买方所需求的,只有完善网络文学IP生产机制,鼓励更多的创作者生产出高质量的内容,才能满足游戏厂商、影视企业等客户需求,实现多方合作共赢。

(五)平台如何构建内容生产机制

在网络文学IP变现问题得到初步解决的情况下,优质网络文学IP的生产及发掘成为网络文学从业者亟待解决的重点问题,从而打造出一个完善的生态体系。毋庸置疑的是,在网络文学IP价格一路飙升的当下,确实出现了唐家三少、南派三叔等大神级网络文学作家,他们也获得了惊人的财富,但大部分网络文学作者的生存状况十分堪忧。我国存在大量的网络文学作者,不仅有专职作者,还有很多兼职写手,具有相当广阔的发展空间,如果从内容生产者的角度出发,完善网络文学IP生产机制,无论是对网络文学产业本身,还是对整个泛娱乐产业,都具有十分重要的价值。具体来看,内容平台应该做到以下三个方面(图4-2):

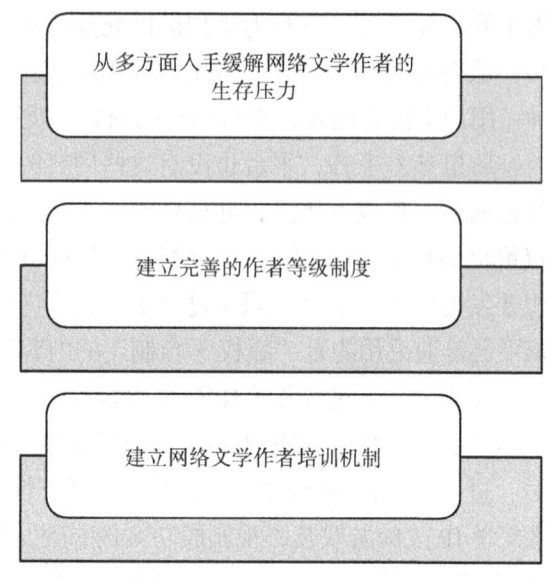

图 4-2　内容平台生产机制的构建

1. 从多方面入手缓解网络文学作者的生存压力

事实上，在网络文学 IP 热潮尚未出现以前，唐家三少、天蚕土豆等网络文学作家已经通过版税收入而获得巨额财富，在网络文学 IP 的价值被深度发掘后，这些顶级作家积累财富的速度进一步增加。虽然每个行业都存在马太效应，但网络文学产业的大部分内容生产者所获得的收益少得可怜，利润主要被网络文学网站、顶级网络文学作家获得，仅依靠网络文学作家生产的作品很难满足市场需求，激发大众作家的活力与创造力显得尤为关键。即便网络文学 IP 火热后，网络文学网站分给作家的酬劳并没有因此而增加，普遍按照千字 2—3 分钱的订阅价格给予作者微薄回报，即使他们每天坚持创作 5000 多字的内容，仅靠这种收入也很难维持生存，更不用说照顾老人和小孩，而且长期保持良好的创作水平也是一件相当困难的事情。所以，在网络文学作家收入差距严重的局面下，网络文学平台需要对坚持写作的作者给予更多支持，从多个方面入手提高他们的收入，满足他们的基本生活需求。比如部分平台推出的全勤奖、全渠道分成等，可以在一定程度上缓解网络文学作者的生存压力。毋庸置疑的是，在基本生存需求得到满足的情况下，网络文学的作者才能够创作出高水平的内容。

2. 建立完善的作者等级制度

由于知名网络文学作家存在一定的用户基础，网络文学平台在推广资源分配方面会向其倾斜，也是很自然的事情，但对草根作者来说，缺乏平台在推广资源方面的支持，要在海量的网络文学作者中脱颖而出的希望非常渺茫，为了生产出更多的优质网络文学 IP，平台方应该给予草根作者更多的推广支持。

在实践过程中，网络文学平台可以建立完善的作者等级制度，让坚持创作的草根作者能够不断升级，并给予推广资源方面的支持，使草根作者有更多的创作热情。

3. 建立网络文学作者培训机制

虽然网络文学的同质化竞争问题十分严重，甚至网络文学作品被贴上粗制滥造的标签，严重影响用户的阅读体验，但仍有很多优秀作品能够在激烈的市场竞争中成功突围。草根作者并非因为文学天赋或者想象力不足，而是因为缺乏专业的指导以及足够的经验积累。如果平台能够对他们进行专业培训，指导他们确定选题方向，对其创作方案进行不断优化完善，必定能够创作出更多的优质网络文学 IP。

对于相互挖角相当严重的网络文学平台，建立健全网络文学作者培训机制，给予网络文学作者全方位指导，使草根作者能够更加快速地成长为专业级作者，对于留住平台人才也具有十分关键的作用。只有从网络文学 IP 生产者的角度出发，为他们提供足够的利润回报，才能激发他们的创作热情，进而发掘出更多的优质网络文学 IP，实现用户、作者与平台之间的三方共赢。以网易云阅读平台为例，网易平台为广大网络文学作者提供流量等诸多资源支持，并以"保底＋全渠道分成"的模式为网络文学作者提供丰厚的利润回报，提升网络文学作者在网络文学产业链中的话语权，推动泛娱乐产业不断走向成熟。

网络文学 IP 的商业价值已经得到充分证明，未来，在激烈的网络文学市场竞争中，平台核心竞争力的打造，并非仅是用户流量或者顶级网络文学作者数量，而是能否创造出更多的网络文学 IP，能否打造出完善的 IP 生产生态。

（六）阅文集团：IP 全产业链运营

1. 打造网络文学作者生态圈

对于文化产业来说，人才是核心，对于网络文学来说，作者尤为关键。由此可见，企业要想做好 IP 经营，关键是要把握好作者。文化产业新闻认为：一个成熟的作者生态应包括草根写手、中间层作者、网络大神，呈现出金字塔结构。其内部应有科学的促进机制，为作者提供一个科学、稳健的上升渠道。

阅文集团根据当地的平均工资构建作者福利体系，为很多草根网络文学作者提供基本的生活保障。另外，阅文集团通过数据挖掘与人工审核筛选出中间层作者，并举办相关的发布会、论坛，提升中间层作者的知名度。在大神级作者方面，阅文集团以开放的心态，根据求同存异的原则进行宣传、推广，对他们的作品进行改编，整合公司一切资源，保证 IP 得到有效利用。

目前，90% 的网络文学大神级作者都出自阅文集团，排名前十的网络文学作者都在起点中文网、潇湘书院、红袖添香等阅文集团的平台上发表作品。在排名前 50 的网络文学作者中，选择在阅文集团平台上发表作品的作者占九成。网络文学作家富豪榜排名前 20 的作家，有 15 位属于阅文集团。另外，莫言、韩寒等知名作家都选择在阅文集团发布作品。由此可见，阅文集团的成功与其手中掌握的丰富作家资源密不可分，通过对这些资源的整合，阅文集团构建一个完善的作家生态圈。

2. IP 价值最大化

具体来讲，IP 价值包括内容价值、影响力价值、情感价值与营销价值。现阶段，关于网络文学的 IP 价值，业内还没有形成统一认识，很多都是根据作者知名度、当前热点、粉丝基础等因素，结合经验做出的判断。

阅文集团的版权营销授权总监谢正瑛表示：阅文集团的 IP 价值模型与价值体现是以市场数据为基础，利用价值模型对 IP 进行分类、分级，对不同 IP 适用的衍生改编属性进行分析得来的。在谢正瑛看来：IP 价值包含四部分内容，分别是内容价值、影响力价值、情感价值与营销价值。为了将 IP 价值最大化，谢正瑛从改编期限、收入分成、禁止权利转授等方面制定授权规范，规范主要针对影视、游戏开发领域做出规定。规定的主要内容有：确定改编的游戏作品必须在 18 个月内进行公测；不能私自将 IP 改编权转授；投入运营的游戏作品的收益由双方协商决定如何分成。

阅文集团希望能以这种富有弹性、快速便捷的合作方式在IP产业链中立足，为整个行业树立典范，制定整个行业的运行规范，使整个IP运营生态圈得以完善。

3. 统筹运营，IP价值品牌化

一部优秀的网络作品并不代表能被改编、开发成一款成功的游戏，同理，一个优质的IP，并不能代表由它改编而来的影视作品一定广受欢迎。文化产业新闻认为企业应对IP进行统筹运营，将其价值品牌化。IP价值体现在方方面面，除了IP本身的影响力与转化力之外，还体现为系统科学的整体设计，拓展IP的盈利空间，使其生命周期得以延伸，使其价值呈现出爆发式增长。

阅文集团对IP全产业链的运营职能进行统筹，交由集团的版权营销部门负责。版权营销部包含三大职能模块，分别是拓展组、公关组和IP授权组。其中，拓展组的主要工作是IP对外合作与衍生开发。在对外合作方面，阅文集团会以制作方、投资方等身份参与IP产品制作，承担产品的市场包装、周边产品的开发与制作等工作；IP授权组的主要工作，是以集团全品类优质内容为依托，向合作单位开展对外授权业务，凭借这一业务，阅文集团成为业内最大的版权授权方；公关组的主要工作是塑造集团的品牌形象，辅助集团各业务部门开展工作，为其提供市场推广等公关支持。

上述三大职能相互协作，为阅文集团的版权营销提供了有力支持。比如《择天记》，版权营销部在小说连载前已经开始筹划该IP包装，拓展组制作宣传片及主题曲，完成全套人物设定，开发周边产品，并将其动画化。小说上线之后，拓展组与公关组联合举办了新书发布会，使该部作品的人气得以逐步提升，与腾讯影业等公司合作筹划影视作品、舞台剧的改编、开发。IP授权组与吉林出版社、巨人网络等企业达成授权协议，授予其《择天记》图书、漫画、游戏等作品的改编权。公关组策划《择天记》的推广、传播，在某个时段"择天记"的百度指数增长98.2%，用户曝光量达到13.4亿。

二、动漫 IP 的打造与运营

（一）动漫产业简述

动漫是以动画和漫画为主体内容的图形、图像、声像作品以及与此相关的衍生产品的统称。无论是动漫还是动漫衍生品，都以超越现实的造型设计、炫目的动漫图像，备受青少年的青睐和追捧。动漫可以说是人为创造的事物，并给人以超越现实世界的幻象空间，这就需要设计者的创意，以获得观看者视觉刺激性的体验。随着社会的发展，人们通过现代信息技术创作的动漫已经被越来越多的人认可和接受。动漫形象的衍生品，无论从数量还是质量上，都有了长足发展。

动漫产业指以创意为核心，以动画、漫画为表现形式，包含动漫图书、报刊、电影、电视、音像制品、舞台剧和基于现代信息传播技术手段的动漫新品种等动漫直接产品的开发、生产、出版、播出、演出和销售，以及与动漫形象有关的服装、玩具、电子游戏等衍生产品的生产。动漫产业的不断发展，已经成为发展潜力巨大的智力密集型、劳动密集型、科技密集型和资金密集型的"朝阳"文化产业，具有当今知识经济的全部特征，并具有完整的产业链，在文化产业中处于龙头地位。

对于动漫作品和动漫产业，原创力是其中当之无愧的核心竞争力。原创的缺乏是造成动漫市场疲软的关键因素。只有从民族经典文化中吸取营养，提炼出其精髓和本质，才能创作出优秀的、有吸引力的作品，才能创造出符合自身民族的、反映本土文化和民族精神的动漫形象，才能打动观众，赢得人们的喜爱，并能创造出价值。反过来，品牌动漫形象的打造有利于动漫作品的进一步传播，共生共赢，形成良性循环，保持动漫作品的生命力，并最终延续整个动漫产业的生命。只有拥有属于自己原创的优秀动漫作品及动漫形象，才能经得起时间和市场考验，才能经久不衰。

非物质文化遗产不仅是民族经典文化的一个重要组成部分，更是动漫创作中极具表现力的一种题材，是一种可以挖掘的资源。也就是说，非遗与动漫的结合既是保护和宣传非遗的一种新颖方式和独特手段，也是促进动漫产业不断发展的有效方式。

（二）动漫 IP 热潮的两大掘金方向

随着"90后"及"95后"群体的日渐崛起，作为内容产业重要组成部分之一的动漫产业迎来快速发展阶段，并且出现很多热门 IP。打造和抢购热门 IP 资源，并基于 IP 探索其衍生价值，成为各大动漫企业发力的重点。在动漫产业 IP 爆发出强大能量的背后，身处于移动互联网时代的企业需要对自身商业模式进行转型升级，从而有效应对日益复杂的竞争环境，获取更高的价值回报。

动漫产业的 IP 热潮，主要集中体现在企业争相抢购动漫 IP 以及打造 IP 商业化渠道系统两大方向。

在抢购动漫 IP 方面，向来擅长取悦用户的腾讯对动漫 IP 的抢购力度高居榜首。从 2013 年腾讯文学成立至今，短短几年时间，腾讯通过投资、收购等方式打造出一个完善的网络文学生态系统，在国内网络文学 IP 资源占有率方面更是有绝对领先优势。

由于用户群体有较高的重合度，手游厂商对动漫 IP 也格外青睐，不仅购买国产动漫 IP，还争抢海外优质 IP。DeNA 中国获得《航海王》手游版权；腾讯获得《火影忍者》手游版权；淘米旗下的手套游戏得到《忍者神龟》手游版权；搜狐旗下的畅游获得《秦时明月》手游版权。当然，在动漫 IP 被疯狂抢购的当下，热门 IP 的价格一路飙升，很多财力相对较弱的企业开始将目光集中到二、三线 IP 方面。

在打造 IP 商业化渠道系统方面，虽然腾讯处于领先优势，但百度和阿里也不甘落后。李彦宏在美国洛杉矶投资成立了 Aquamen Entertainment 电影公司，该公司开发的首个项目就是投资 4000 万美元打造的亚洲最大动画电影《悟空》。阿里则在 2013 年成立数字娱乐事业群，打造出全球最大的 C2B 电影投资融资平台 W 娱乐宝，收购文化中国、优酷土豆，上线手游平台等，为动漫 IP 全渠道开发打下坚实基础。

不仅 BAT 三巨头对动漫 IP 表现出强烈的兴趣，以奥飞动漫为代表的具有动漫 IP 生产及产品开发能力的企业的表现也非常抢眼。以奥飞动漫为例，作为一家上市公司的奥飞动漫，通过成立太极鼠工作室、广州狼烟动画有限公司等，强化自身在原创动漫制作方面的能力，实现覆盖全年龄段的动漫 IP 生产，整合更多人才、技术等优质资源。

在漫画方面，奥飞动漫投资了北京魔屏科技有限公司，从而为公司提供更多的优质动漫内容以及配合手游开发团队进行相关工作。同时，奥飞动漫还积极布局新媒体，成立北京奥飞多屏文化传媒有限公司，对电视内容进行多屏分销、多频联营，从而建立具有强大影响力的媒体品牌。

奥飞动漫还投资了壹沙（北京）文化传媒有限公司，后者在新媒体广告运营方面具有强大实力，使奥飞动漫的内容生产、播放渠道及广告运营等，和嘉佳卡通频道、"爱看动漫"移动端视频频道实现协同配合，从而助力公司打造出强有力的内容品牌及媒体品牌，释放自有动漫IP的巨大价值。

IP无疑是开发内容产品的重要基础，是内容企业获取丰厚利润回报的关键所在。动漫企业、游戏厂商、网络文学平台、影视剧开发商等内容生产商都可以生产出IP，而视频网站、电视台、电影发行公司、社交媒体平台等渠道能够对IP进行大范围的传播推广，然后借助IP商业化渠道系统，完成价值变现。

对要在动漫IP热潮中掘金的企业来说，自身发展情况、掌握的优质资源等方面的差异，导致企业布局的重点会有一定差异。但在泛娱乐时代背景下，企业为了实现价值最大化，需要通过生产或购买IP资源，强化自身在IP资源储备、产品开发及渠道推广等方面的能力，最终打造出基于IP资源的全产业链运营模式，从而获取高额的利润回报。

（三）我国动漫IP产业链发展模式

国内IP热潮的兴起，得益于IP所带来的庞大用户流量以及用户较高的付费意愿。对于企业，IP的价值并非简单地体现在提高企业经营业绩方面，更是企业打造完善商业生态的核心所在。

在动漫产业链中，IP位于上游环节，动漫、电影、电视剧、游戏、网络文学等诸多形式的内容产品都是IP的来源，而且利用IP的自带海量用户流量的特性，可以将IP衍生为其他形式的内容产品。在商业模式视角中，受到企业界广泛关注的IP并非企业直接提供给消费者的产品或服务，却是企业生产产品及服务的核心元素。

动漫需要涉及角色、道具、故事、声音等视听元素，而且具有广阔的拓展空间，为创业者及企业探索动漫IP的潜在价值带来巨大优势。

步入移动互联网时代后，虚拟与现实之间的边界变得愈发模糊，我国高达7.31亿人的网民基数，决定国内市场对内容产品有着庞大的需求，这刺激了越来越多的创业者及企业进入内容领域。在内容产品增值能力被充分释放的局面下，此前作为内容产品传播渠道的互联网企业，已经不再满足于传播者的角色定位,而是希望在内容产业链中获取更多的价值回报,甚至打造出从内容产品生产到传播、再到消费,然后进一步衍生拓展的闭环生态体系。所以,搜索出身的百度、长于电商的阿里以及社交基因浓厚的腾讯等各种互联网企业都在积极抢购 IP 资源,IP 尤其是动漫 IP,俨然成为互联网企业进入动漫产业乃至泛娱乐产业的重要切入点。

IP 是动漫衍生产品开发的重要基础,能够极大地拓展动漫产业链的广度及深度。作为动漫形象 IP 的"米老鼠"可以被不同的内容生产者及企业进行创意延伸,并在各种渠道中传播,因为"米老鼠"的存在,不同形式内容产品都能为企业创造相当可观的价值回报。所以,基于 IP 进行衍生拓展,才能衍生出网络文学、影视剧、漫画、游戏、手办、玩具等各种形式的产品,能够完成价值变现。

事实上,IP 不仅可以将动漫产业链上下游的企业进行连接,其作为一种元素融入各种产品及服务后,能够有效提高其溢价能力,从而为企业的跨界合作奠定坚实基础。在我国政府出台的《国务院关于推进文化创意和设计服务与相关产业融合发展的若干意见》中明确指出,要强化文化创意及设计服务的先导性产业作用,进一步提升相关产业的文化含量,赋予其产品及服务更高的附加值,从而实现与相关产业的协同发展。

动漫 IP 无疑是提升产品及服务附加值的重要手段,能够给农业、旅游业、制造业、体育、消费品工业等产业带来巨大的文化附加值,尤其是在微信、微博等社交媒体的强大传播能力下,这种提高产品及服务附加值的能力被进一步强化。

互联网的媒体属性,有利于具有特色文化的产品及服务进行营销推广,而且在人们消费需求愈发多元化及个性化的背景下,文化元素所带来的情感体验能够对消费决策产生直接影响。优秀的动漫 IP 本身就是体现创意文化的经典之作,在互联网中能够产生强大的话题效应,将其融入其他产品及服务中,能够使后者具备极高的辨识度,对于身处白热化竞争环境的企业无疑具有重要价值。

互联网还是一个庞大的资源整合平台,随着"互联网+"在各产业应用程度日渐加深,各产业的信息化、数字化进程日渐加快,并在互联网的强大连接能力下相互融合,不同领域间的企业跨界合作成为主流。这种背景下,IP 所具备的文化附加值成为企业进行跨界合作时的重要媒介,能够赋予不同领域的企业产品及服务统一的文化元素,让企业可以寻找在用户群体及价值理念方面具有较高重合度的合作伙伴,通过共享优质资源,吸引更多的用户群体,获取更高的利润回报。

需要从业者广泛关注的是,无论是利用动漫 IP 内容连接上下游企业,还是利用 IP 赋予不同行业产品相同的文化元素将跨界企业进行连接,都需要将 IP 衍生出来的各种形式的内容产品进行整合,然后利用互联网将金融业、服务业、制造业等产业进行连接,实现协同配合。在连接过程中为虚拟的动漫 IP 落地提供有效途径,是动漫 IP 进行价值变现的优良渠道,是动漫产业不断走向成熟的重要保障。

随着越来越多的企业通过动漫 IP 进行连接,动漫产业链得到极大拓展,使动漫生产者及企业能够获取价值的渠道愈发多元化,并带来相当丰厚的利润回报。

(四)精细运营:打造原创动漫 IP

1. 拒绝为抢占 IP 而不开发

在 IP 价格持续走高的局面下,IP 拥有者确实获得了丰厚的利润回报,但购买 IP 授权的企业会承担较高风险,甚至蒙受巨大经济损失。为了短期利益而盲目地对 IP 进行衍生拓展,在开发产品过程中忽略 IP 本身的文化内涵、世界观、价值理念等要素,从而导致产品无人问津。从实际情况来看,对一款 IP 在多个领域进行开发,很难保证每个领域都能获得成功。

IP 衍生开发失败对 IP 拥有方也极为不利,因为会导致 IP 用户黏性及形象受损。所以,日本企业在授权产品开发方面有着标准而完善的监督体系,衍生产品的所有细节、角度及人物动作等都必须尽可能地和 IP 一致。以游戏开发为例,IP 中的人物在游戏中的行为、动作要十分严谨,游戏中的形象及动作要标注出其在动漫作品中出现的具体章节,甚至是段落。

以由经典日本动漫 IP《名侦探柯南》衍生出的游戏开发为例,这款游戏由日本 Cybird 公司与国内游戏厂商摩游世纪共同开发,而日本版权方对柯南的形象及动作进行严格规定,比如严禁柯南动作形象反转,头发偏向和原作中保持一致,手表必须佩戴在左手,颜色与动作也要符合原作设计。这种在细节方面的严格要求,也是日本动漫 IP 能够获得国内市场认可的关键所在。

不仅注重细节,日本动漫企业还强调购买 IP 的版权方对 IP 本身的文化内涵、世界观及价值理念等有精准而全面的认识,能够在衍生产品中将其充分表达。

我国优质原创动漫 IP 相对较少，企业更多的是选择购买海外 IP，但因为文化因素的差异，导致国内企业在 IP 文化内涵及价值理念表达方面存在较大的不足。

此前，凭借生产大电影《忍者神龟》而获得成功的意马国际，在大电影《阿童木》中亏损高达 6.3 亿元，直接导致旗下意马动画工作室被迫清盘。之所以会出现这种情况，很大程度上是因为电影版的《阿童木》未能传递出原作的文化内涵及价值理念，无法让用户产生共鸣，从而导致票房与口碑都未能达到预期效果。类似失败案例在电影界数不胜数，缺乏文化内涵与价值理念支撑的 IP 衍生品，只会让消费者产生严重的心理落差，从而对企业的产品销售带来严重的负面影响。此外，为了给用户带来新鲜感，在传递 IP 文化内涵与价值理念的同时，也要在内容展现形式方面对产品进行创新。在新生事物层出不穷的移动互联网时代，人们的精力被过度分散，当展现形式缺乏吸引力时，用户根本不会了解内容，即便内容再完美，也无济于事。所以，企业必须根据目标群体的特性，对 IP 衍生产品的内容展现形式进行一定创新，才能确保吸引足够的关注。

2. 原创动漫 IP 需要底层土壤

很多人认为热门 IP 的逻辑和品牌十分类似，就像拥有强大影响力的品牌一般，热门 IP 的存在也能降低投资风险，提高消费转化率。但事实上，IP 和品牌之间有着很大的不同。IP 具有较强的生命力，支持全方位拓展，只需要将 IP 背后的世界观、价值理念、文化内涵在新产品中体现出来即可，是集成创意元素的智力成果。品牌虽然也存在一定的文化内涵、价值主张等，但其拓展能力受到极大限制，在消费者心中，品牌往往会被贴上某种固定的标签，在人们眼中，支付宝就是支付工具，而不是社交产品，即便其拥有亿级用户群体，若要在人们心中去掉支付工具的标签，几乎是不可能的事情。

我国动漫市场中的动漫原创 IP 更像是品牌，缺乏足够的生命力，粉丝黏性相对较低，在衍生价值拓展方面存在明显短板，和被称之为"IP 工厂"的迪士尼所创造的 IP 有着较大差距。

以动漫作品为例，由于文化因素的影响，目前我国市场中流行的动漫作品以日本动漫为主，在百度、360、搜狗等搜索品牌发布的动漫热搜榜单中，日本动漫作品占据比例，通常可以达到 60% 以上，国产动漫的比例和欧美动漫差距较小。由于在生命力与用户黏性方面和海外动漫存在较大的差距，导致国产动漫作品的市场价值被大幅度削弱，海外动漫尤其是日本动漫成为企业抢夺的重点资源。但是，人们应该认识到，虽然企业可以通过购买IP版权的方式开发其衍生产品，从而为企业带来利润回报，但IP原创方始终是最大的受益者，企业等同于投入资源提高IP热度并为其积累粉丝。所以，当前国内动漫IP热潮，处于一种为了获取短期利润而为海外尤其是日本动漫企业做嫁衣的不利局面中。从投资者的视角来看，如果要通过IP获取更高价值的利润回报，不能简单粗暴地以高额的成本购买内容，而是要培育优秀的IP生产及运营团队，并给予其足够的成长空间。

为了追求价值变现，确实需要打造IP商业化系统，但对于处于上游环节的内容生产也要给予高度关注，鼓励并支持创作者生产出更多的优秀国产原创IP，而不是沦为海外动漫企业获取暴利的渠道商。

3. 重视对国内动漫IP版权的保护

IP是内容生产者及企业劳动成果的结晶，是一种极具价值的无形资产，但由于我国法律体系不完善、民众版权保护意识缺失、维权成本较高等因素的限制，导致国内动漫IP版权保护形势不容乐观。近年来，由于动漫产业不断完善，再加上腾讯、百度等资本巨头的涌入，为动漫IP版权保护提供了强大推力。同时，我国动漫市场的巨大发展前景也吸引了很多海外动漫IP企业进入国内市场，这些企业对版权保护十分重视，并在版权运营及管理方面带来先进经验。这种背景下，国产动漫IP的版权保护情况有了很大改善，在很多动漫网站及动漫APP应用中，很少会出现国产动漫盗版作品，但是海外动漫盗版问题仍十分突出。可以预见的是，随着我国版权保护相关法律法规日渐完善，以及国民综合素质的不断提升，未来，动漫IP乃至所有内容产品的版权问题将会得到真正解决。

4. 动漫IP产品如何打动消费者

传统媒体时代，文娱产品通常是通过炒作概念吸引广大消费者，其财务模式具有典型的高投入、高风险、高回报特征。对动漫产业来说，其衍生品收入是主要的利润来源，而对IP进行开发时需要耗费大量的时间及资金成本，而动漫产品及其衍生品在档期、货架容量等方面有一定的限制，企业需要尽可能地在较短的时间里获取海量消费者，才能获得足够的利润回报。

第四章　文创出圈——IP 孵化

进入互联网时代后，消费具有移动化、碎片化的特征，人们消费动漫等文娱产品的习惯已经发生巨大变化，给文娱产品的生产及运营带来新的挑战。和传统媒体时代炒作概念不同的是，互联网语境下的文娱产品需要侧重用户需求及迭代效率，能够及时满足消费者不断变化的动态需求。更为关键的是，互联网打破了时间与空间限制，让消费者能够随时随地获取文娱产品，并为企业提供"长尾"盈利模式。长尾理论强调，当流通渠道及覆盖范围达到一定程度时，相对小众的产品集中后所创造的收益能够媲美，甚至超过少数热销产品创造的收益。简单地说，就是小众市场聚集起来后能够和所谓的大市场抗衡。凭借创意内容及文化内涵而吸引大量粉丝的动漫 IP，能够成为企业在互联网时代背景下，对文娱产品进行迭代开发的强大助力。新媒体的实时更新、双向传播机制等特征，使动漫产品的生产变得更为高效、低成本，从而使动漫产品的质量与数量得到快速提升。

对创业者及企业来说，可以用较低的成本同时开发多个风险较低、投入成本较低的小众市场，以丰富多元的产品，快速打开市场，并充分发挥互联网打破时间及空间限制的特性，获取一定的利润回报。多个小众市场聚集后所创造的收益也相当可观，即便不能达到热门市场的利润，但风险相对较低、竞争力度相对较弱，更为关键的是，随着越来越多的企业探索小众市场，动漫产业将会不断走向成熟，避免行业陷入同质竞争、价格战泛滥的不利局面。

互联网时代，消费所具有的移动化、碎片化特征，也使人们对一种 IP 的关注周期大幅度缩短，很多企业会选择购买大量 IP 并同时运营，也是导致当前动漫 IP 市场供不应求的一大重要因素。IP 商业化系统运营的基本逻辑，可以总结为"内容为王 + 粉丝经济"。根据中国互联网络信息中心（CNNIC）最新发布的第 40 次《中国互联网络发展状况统计报告》，截至 2017 年 6 月，我国网民规模达到 7.51 亿，互联网普及率为 54.3%，较 2016 年底提升 1.1 个百分点，其中手机网民规模达 7.24 亿，较 2016 年底增加 2830 万人。通过智能手机上的社交媒体应用，人们在满足自身社交、娱乐需求的同时，也对互联网内容进行大范围的传播推广。

IP 能够将具有某种共同兴趣爱好的消费者聚集起来成为一个粉丝社群，部分社群成员由于对 IP 的喜爱，会主动对 IP 相关的内容进行传播，从而使人们对营销内容的排斥心理被弱化，并且借助社群成员基于信任关系而建立的社交网络，快速高效地传播至目标群体。消费升级下，人们对文娱产品需求的快速增长、IP 小众市场的不断拓展、产业融合的时代特征等，为 IP 全方位地渗透到人们日常生活之中打下坚实基础。当然，IP将消费者与消费者连接是建立在互联网打破技术壁垒、推动产业融合基础之上的，互联网的存在极大地提高了人类社会的生产力，并将个体需求提升到前所未有的高度。在这种背景下，企业不再强调其高高在上的伟岸形象，而是更加注重缩短与消费者之间的距离，动漫巨头迪士尼不再像以前一样将自己称为"全球最大跨国影视传媒集团"，而是转变为"家庭娱乐方案供应者"，争取满足广大民众的文娱需求。

融入消费者的生活中，从而在更多的场景中为消费者提供优质服务，这种理念受到企业界的高度重视。BAT三巨头纷纷进入动漫产业，积极抢购IP资源，围绕用户需求打造出基于优质IP的泛娱乐产业生态，从而实现对自身业务的转型升级，通过满足广大消费者日益多元化及个性化的文娱需求，获取高额的利润回报。正如腾讯掌舵人马化腾所说的"未来的腾讯要做的只是连接器及内容产业"，为消费者之间的连接搭建高效便捷的通道，并以基于优质IP开发的文娱产品吸引消费者，在为用户创造价值的同时获取利润回报。

三、影视IP的打造与运营

（一）影视IP：重构传统影视格局

随着泛娱乐化时代的到来和国内消费升级，IP产业近年来呈现出持续火爆态势，互联网巨头、创业者、资本等不断涌入IP领域，在加剧IP市场竞争的同时，也推动该产业的迅速发展成熟。

从2015年开始，《花千骨》《芈月传》《琅琊榜》《鬼吹灯》等多部网络小说改编的IP剧以及动漫、手游等相关产品形态的火爆，推动IP逐渐进入全版权产业链深耕布局阶段，相关竞争愈发激烈。随着IP在影视、游戏、动漫、网络文学等领域的全面渗透，IP价值的泡沫化逐渐成为各方关注的重要问题。IP资源的价值包括内容、改编、制作、市场需求等方面，单纯追求大IP或热门IP，但是没有吸引用户的优质内容，最多只能获取IP资源的营销宣传价值，难以真正实现IP变现。当IP热逐渐消退，市场回归理性后，IP运行必须改变之前过于追求超级IP的行为，回归到最根本的变现价值上来，如此才能推动IP产业走上良性可持续的发展轨道。

IP即"Intellectual Property"，字面意思为"知识产权"。就我国来看，文学、影视、游戏等领域的 IP 化运营推动 IP 全产业链的全面爆发，其中又以影视 IP 最受瞩目。比如 2017 年的《白鹿原》《择天记》《醉玲珑》等几部现象级电视剧，都是改编于文学小说；改编自热门小说的《三生三世，十里桃花》《芳华》《妖猫传》等电影，也都获得了良好的电影票房。

对文学 IP 的改编已成为当前国内优质影视剧作品的主要来源，如《翻译官》《如懿传》《小别离》等电视剧；一些热门游戏 IP 也是影视剧改编创作的一大来源，如《古剑奇谭 2》《仙剑 5》等。除了传统意义上的电视剧和电影作品，近年来基于网络视频平台发展成熟而快速兴起的网络剧，也成为 IP 布局影视产业的一个重要方向；自制网络剧也逐渐成为各大视频平台构建内容优势、吸引和留存用户的重要手段。这些导致网络剧成为 2017 年国内影视剧市场的一道"靓丽风景"，《河神》《白夜追凶》《春风十里不如你》等热门 IP 网剧不断刷新网络剧的点播记录。比如 2017 年优酷平台推出的网络剧《白夜追凶》，自开播以来迅速成为引爆微博和微信朋友圈的热门 IP。根据不完全统计，《白夜追凶》仅在优酷平台的播放量就高达 50 亿次。

热门优质网络剧的增多、产业链的不断优化成熟以及用户付费习惯的养成（付费观众占比达 17% 且仍在持续上升），推动众多热门 IP 网剧均突破 10 亿次的点播量。但是，影视 IP 作品的成功并不意味着 IP 运作的成功，后者包含更加多元化、多层次的内容：

A.IP 产品形态不只是影视作品，还包括文学、游戏等诸多产品形态的创作，要求 IP 本身具有较大的世界观和故事架构，以及能够支撑不同 IP 产品形态的众多人物、想象力与延展空间。

B.IP 运作要以优质内容为支撑，能够获得广大用户的认可和青睐，吸引到足够多的受众。比如动画 IP《大鱼海棠》在内容的故事性和精彩性上略有不足，难以拓展更多的产品形态，而大热 IP 剧《花千骨》的故事情节则具有极大的延展与想象空间，可以支撑起游戏等其他领域的 IP 创作。

C.IP 经济本质上是粉丝经济，需要长期沉淀和海量的粉丝积累，这是实现 IP 商业变现的前提和基础。比如，当拥有海量粉丝的经典游戏《魔兽世界》被改编为电影作品时，便牢牢吸引国内众多粉丝的目光，首映票预售规模超过千万元，同期票房占比高达 98.2%。对众多游戏玩家来说，《魔兽》电影已经超越电影本身，成为对自己青春的回忆。同样，当前国内很多"未播先红"的影视剧 IP 作品，除了运营方的有效宣传推广，一个很重要的原因是这些热门 IP 本身已经积累了大量高忠诚度的粉丝。

(二)新IP电影的概念与发展演变

自2014年以来,随着《盗墓笔记》《鬼吹灯》等由网络小说改编而来的影视作品的热映,随着明星IP抢夺战愈演愈烈,IP及IP电影两大概念逐渐为人熟知。

一般来说,影视作品的灵感主要源于舞蹈、漫画、小说、戏剧,购买这些作品的著作权,对其进行改编、拍摄,最后生成一部电影或者电视剧。另外,还有一些影视作品是由经典的文学艺术作品改编而来,人们可以用一个名称对这些来源进行命名,就是"IP电影来源",简称"传统IP";由这种素材改编而来的电影叫作"传统IP电影"。

与"传统IP"及"传统IP电影"对应的是"新IP"及"新IP电影"。"新IP"全称"新IP电影来源",指拥有大量粉丝的网络小说、网络歌曲等素材,由这些素材改编成的电影,就是"新IP电影"。

传统IP电影与新IP电影有两大不同:

A.传统IP电影关注作品内容,新IP电影关注的是作品影响力。

B.传统IP电影与新IP电影对IP素材的运作模式不同。传统IP的改编演绎活动围绕电影开展,制片人为了创作一部优秀的电影,寻找优质IP,对IP进行改编、再创作。

新IP的改编演绎活动围绕IP本身开展,内容改编、电影拍摄都是为扩大IP的影响力服务,相较于电影质量来说,人们更加关注电影能吸引多少粉丝,IP价值能否得以进一步挖掘。

新IP电影的发展演变经历如下阶段(图4-3):

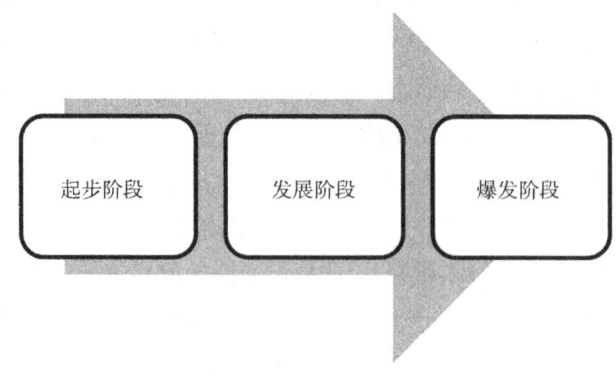

图4-3 新IP电影的发展演变

1. 起步阶段

国产电影的"IP 元年"比大众一般认知中的"IP 元年"要早。2001 年，电影《第一次亲密接触》上映，这部电影由同名网络小说改编而来，它的上映标志着国产电影"IP 元年"的到来。这部电影虽然再现了小说的内容，却没能将小说的亮点展现出来，自然也没有像小说一样在商业领域大获成功。

2. 发展阶段

2011 年，《失恋 33 天》这部由同名网络小说改编而来的电影获得 3.57 亿高票房，其制作成本只有 890 万元，在国产电影中大放异彩。随着电影《失恋 33 天》在商业上的成功，网络文化、流行文化等新 IP 受到国产电影投资者的广泛关注。由此开始，被改编成影视作品的新 IP 越来越多，很多新 IP 电影都获得了很好的票房，为投资人带来巨大收益。

2011—2015 年，中国电影人在新 IP 选择方面做出很多尝试。在改编的电影中，由新 IP 改编而来的电影数量逐渐增长，在电影《失恋 33 天》大获成功之后，2012 年电影《搜索》进行了一次试水。《搜索》改编自一部网络小说《请你原谅我》，是唯一一部入选"鲁迅文学奖"的网络小说，得到主流文学的认可，故事讲述的是一个网络热点话题——人肉搜索。在很多业内人士看来，《搜索》并不是真正意义上的新 IP 电影，虽然拥有新 IP 的传播途径，但是其内容及运作方式都非常传统。

3. 爆发阶段

2015 年，新 IP 电影大爆发，有两部新 IP 电影进入国产电影内地票房 TOP10，一部是由网络小说《鬼吹灯》改编的电影《鬼吹灯之寻龙诀》，另一部是由网络剧改编的电影《煎饼侠》。还有《何以笙箫默》《栀子花开 2015》《鬼吹灯之九层妖塔》等电影也属于新 IP 电影。2015 年是网络作品在电影领域活跃度最高的一年，在票房排名 TOP10 的电影中，有 4 部改编电影，其中有两部改编自网络连载作品；在票房排名 TOP30 的电影中，由网络连载作品改编而成的电影有 7 部，这些作品有小说，有漫画，还有剧集。这一年，在新 IP 选择与运作方面，电影投资方已形成了固定模式，IP 运营模式也已成熟。简单来说，选择热门作品，凭借其影响力进行全产业链开发。

在新 IP 与新 IP 电影火爆发展的情况下，很多电影人都担心 IP 热会使中国原创电影受到影响。从本质上来看，IP电影就是改编电影，改编电影流行是原创电影萎靡导致的结果。将近5年内地票房收入排名前10的国产电影进行比较、分析可知，虽然改编电影异军突起，但在获得市场肯定的优秀电影中，原创电影的数量相对稳定，并没有呈现出下降趋势。事实上，无论是传统IP电影还是新IP电影，都是电影制片人将观众拉回影院所做的努力，虽然与原创电影使用的方法不同，目的却非常一致。有人认为，新IP电影借助原作品的影响力，在上映之前已经有了一定的票房保障。这是缺乏原作品支撑的原创电影完全不能与之抗衡的。对于改编电影，原作品的影响力是一大优势，无论是新IP电影，还是传统IP电影，都存在这种优势。事实上，自电影出现以来，原创电影与改编电影一直在相互较量，两股力量的实力不相上下，改编电影没能以原作品的影响力为支撑占据绝对优势，原创电影依然占据一定的市场份额；还有观点认为，新IP电影"重影响，轻内容"的模式会使优秀原创电影的生存空间受到挤压，使原创电影的发展深受影响。事实上，这种担忧没有必要。电影市场遵循优胜劣汰的法则，只要作品足够优秀，就能够获得成功，《鬼吹灯之寻龙诀》《滚蛋吧肿瘤君》等电影就是如此。这些新IP电影不仅获得了很高的票房，还获得了很好的口碑，其成功的原因不仅有原作的影响力，电影质量也较高。由真人秀复制而来的《爸爸去哪儿》大电影因直接将真人秀搬上大银幕饱受争议，导致之后的《爸爸去哪儿2》票房异常惨淡。由此可见，IP影响力与演员的明星效应并不能保证票房万无一失。

总而言之，IP热并非坏事，而是网络小说等新素材进入市场，在商业领域大获成功的重要标志，是以原作为中心，以原作影响力为基础进行全产业链开发的IP运作模式成熟标志。在这种模式下，原作者获得更多利润，激发其创作热情。在业内人士看来，电影改编素材朝着新体裁扩散，随着新IP运作模式的发展，电影成本与电影投资风险明显下降。随着消费者越来越理性，商业投资掀起的IP热潮逐渐消散，这种新IP运作模式将得以保留、发展，直至成熟。

（三）传统IP电影与新IP电影的比较

1. 传统时代的IP运作模式

在传统IP时代，电影改编选择的素材主要有两种：一是脍炙人口的古典小说、民间传说及戏曲,比如《梁祝》《西厢记》等;二是出类拔萃的现代文艺作品,比如由老舍的同名小说改编的电影《我这一辈子》《龙须沟》等。

这两类素材有一个共同点,就是可以被改编、演绎。但是相较于第一类素材,电影人在选择第二类素材时更看重内容。对于由第二类素材改编的作品,很多电影人都希望通过跌宕起伏、动人心弦的故事内容吸引观众,所以选择IP时,电影人要考虑两大问题:第一,故事情节与内容是否能吸引观众;第二,故事内容是否能改编成电影。

2. 新时代的IP运作模式

自进入新IP时代以来,IP选择标准发生了很大变化。在素材方面,新IP电影比较推崇网络小说、歌曲、网络剧、真人秀节目等题材。新IP与旧IP不同,新IP的故事情节不一定完整,电影人在选择IP时更看重该IP拥有的粉丝数量而不是内容质量。也就是说,在新IP时代,IP自身影响力比IP内容更重要,其价值也越来越高。

在运作方式方面,电影人根据IP自身的影响力选择IP,为了吸引更多观众观看,很多电影都打出"明星IP+明星演员"旗号,原IP的"粉丝+演员自带粉丝"为电影票房提供有效保障。在这种情况下,很少有人再关注电影质量,导致新IP电影受到很多诟病。

在传统IP运作模式下,IP的原作者基本上不会参与电影创作,将故事与内容改编成电影剧本的工作完全由编剧负责。但自从进入新IP时代以来,电影人以影响力与号召力为标准选择IP,选择的IP虽然拥有海量粉丝,但内容质量较低,不适合改编成电影,给编剧的改编工作带来极大困难。另外,由原作品支撑的新IP电影,需要依靠粉丝经济生存,这种情况导致其与原作品之间形成一种微妙的关系——从粉丝角度来看,如果电影完全忠于原作品,就会缺乏新鲜感与吸引力;如果大幅改动则会引发原作粉丝的不满,招致批评。在前一种情况下,专业电影编剧的生存空间进一步缩小,工作难度大幅增加;在后一种情况下,电影人会邀请原作者担任编剧。比如《小时代》以郭敬明为编剧;《鬼吹灯之寻龙诀》以天下霸唱为编剧;《左耳》以饶雪漫为编剧;等等。

(四)新IP电影的来源与运作模式

1. 新IP电影的主要来源

为了对潜在粉丝进行充分利用,新IP类型呈现出多元化的特点。近年来,出现的新IP越来越多,这些都成为新IP电影的主要来源,具体包括以下内容(图4-4):

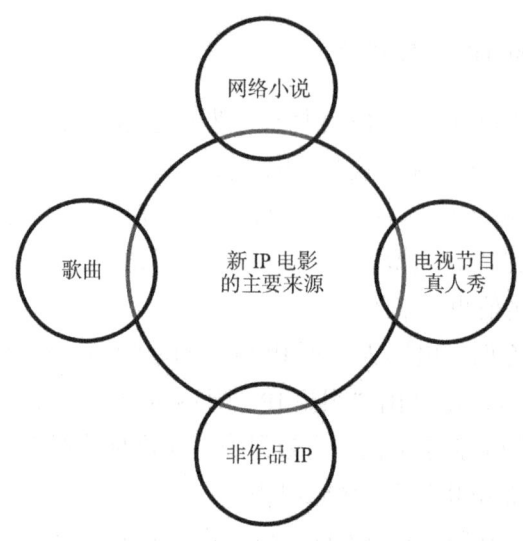

图4-4 新IP电影的主要来源

(1)网络小说

网络小说是最早出现的一种IP类型,也是最常见的一种IP类型。相较于传统意义上的经典小说,网络小说更加通俗。从读者方面来看,网络小说的整个创作历程清晰可见,还能在小说创作过程中与作者互动,对小说情节、故事发展产生影响。所以,网络小说通常拥有规模庞大、忠诚度高的粉丝群,这是非常优秀的受众。

在题材方面,网络小说与经典小说一样,都是塑造人物,故事情节丰富完整、曲折离奇,适合改编成电影。随着IP热持续发酵,电影人在IP选择过程中表现出来的"重影响,轻内容"倾向越来越明显。

(2)歌曲

由歌曲改编而来的电影运作大多是歌迷情怀,而不是歌词蕴含的故事情节,对于这类电影的故事内容与歌词的联系并不十分紧密。很多由歌曲改编而来的电影都是以歌词为基础,在其中添加大量的故事情节,使内容丰富、完善。所以,由歌曲改编而来的电影可以称之为原创电影。

(3) 电视节目真人秀

真人秀电影关注的不是原节目的内容,而是参与者自带的粉丝与影响力,参与者本身所产生的明星效应。一般来说,真人秀节目只设计游戏规则,不设计故事情节,也不塑造角色。一些真人秀电影的拍摄一直遵循该原则,投入少,拍摄周期短,内容与真人秀节目无异,如同将真人秀节目从电视搬到电影院的大银幕上。

(4) 非作品IP

这类IP看中的是创作者的影响力,不是作品。在作品尚未出现的情况下,投资者已经开始对作品进行电影方面的投资。对于这类IP,投资者不关注作品是否已经完成,也不关注作品能够积聚多少粉丝,只看中作者的号召力与影响力,其典型代表是《后会无期》。

2. 新IP电影的运作模式

2013年,郭敬明与《小时代》创新了IP运作思路与运作方式。《小时代》最初是在杂志上连载,后来整合成书。虽然《小时代》的主要传播渠道不是网络,但网络对其推广及后续运作产生重要的推动作用。郭敬明对《小时代》的经营方式与新IP的运作模式非常接近,以小说与作者为中心,不断吸引、积聚粉丝,以粉丝的购买力为保障,对作品进行改编,将其改编为游戏、电影、漫画,使其影响力不断扩大,以吸引、积聚更多粉丝,进一步扩大其影响力,获得更多利润。

郭敬明是小说《小时代》的作者,是电影《小时代》的导演,还是同名游戏的监制。也就是说,在《小时代》这个明星IP培养与运作的过程中,原作者郭敬明是绝对的核心。凭借小说《小时代》积累的粉丝及郭敬明执导所产生的话题效应,《小时代》电影获得了4.88亿票房。《小时代》的成功不仅是因为选择了一个优质的新IP,还因为采用了一种全新的IP运作模式。

(1) 真人秀搬上大银幕

受《小时代》鼓舞,2014年中国电影人在新IP选择与运作方面做出了更加大胆的尝试,改编自同名真人秀节目的《爸爸去哪儿》大电影是其中的典型,与其称之为大电影,不如称其为"搬到大银幕上的真人秀"。这部打破传统与常规的电影受到诸多批评,但不可否认,电影对真人秀《爸爸去哪儿》

这部明星 IP 做出了成功运作。《爸爸去哪儿》这个真人秀节目的版权方——湖南电视台对明星 IP 的运营与郭敬明对《小时代》的运营有异曲同工之处，都是围绕作者，借助 IP 强大的粉丝基础与影响力进行全产业链开发，改编、拍摄电影，开发同名游戏，使 IP 价值实现最大化。

（2）歌曲改编成电影

2014 年，除了《爸爸去哪儿》IP 运作方式之外，还出现一种全新的 IP 运作方式，是将歌曲改编成电影，其代表作品是《同桌的你》。歌曲《同桌的你》诞生于互联网尚未出现、普及的年代，可以说是一首"老歌"，承载着"80 后"对青春的回忆，与现在的网络流行音乐有很大不同，故事内容非常简单。为了丰富电影内容，《同桌的你》这部电影对原歌曲的故事情节做了很大改动，增添了很多情节。从某种意义上说，《同桌的你》这部电影是基于歌曲重新编写了一个故事。

之所以说这是一种全新的 IP 运作方式，是因为电影创作摆脱了对原作品内容的依赖，借助原作品传递出来的情感引发观众共鸣。这种 IP 运作理念与《小时代》依靠原作者粉丝保障票房的理念如出一辙。

（3）原创 IP 电影

2014 年还出现了一部原创电影《后会无期》。这部电影完全摆脱了对原著小说的依赖，让 IP 电影摒弃改编电影这一身份，电影本身就是一部新 IP。当然，这个新 IP 电影与《小时代》《爸爸去哪儿》等 IP 的成长路径一致，都是围绕作者，凭借作品所积累的粉丝基础与影响力进行多渠道开发，开展网络营销。

（五）产业联动：深挖 IP 商业价值

随着《星球大战》、漫威等超级 IP 成功的商业化运营，迪士尼公司构建的主题乐园全球连锁经营和品牌授权体系的产业联动模式，也是实现 IP 价值变现的有效路径。迪士尼的主题乐园已成为全球文化娱乐产业的"标杆"：米老鼠、唐老鸭、白雪公主和七个小矮人等经典 IP 形象并没有随着"70 后""80 后"的成长而消失在大众视野，反而通过主题乐园的运作模式，不断延续和拓展自身影响力，成为男女老少熟知的动画 IP。

产业联动是迪士尼公司主题乐园成功运营的关键，如果仅依靠门票收入，主题乐园最多只能维持基本生存，很难进行全球拓展。因此，迪士尼乐园的主要收益源泉并非门票，而是围绕米老鼠、汽车总动员、星球大战等经典 IP

形象开发的周边衍生品产业,通过产业联动拓展出丰富多元的收益来源,如电影、乐园、邮轮、服饰、出版物、音乐剧、玩具、食品、教育、日用品、电子产品等。比如借助3D动画电影《冰雪奇缘》在全球的热映,迪士尼随后推出的女主角艾莎公主(Elsa)娃娃在全美销售规模达到2600万美元;影片主人公安娜和艾莎所穿的"公主裙",在美国市场中的销量更是多达300万条,仅这一个衍生品为迪士尼创造的收入已经高达4亿美元,十分接近《冰雪奇缘》电影在北美地区的总票房。

迪士尼产业联动的IP运营模式表明,构建融合众多品牌、企业、组织、个人等多元产业与产品形态的商业矩阵,是深挖IP价值、建立竞争壁垒的有效路径。一方面,IP具有的内容价值和粉丝价值,可以通过多元连接实现进一步传导放大;另一方面,围绕IP品牌跨界、差异化运营、特定消费场景下的互联共享等,有利于实现更低成本和更高效率的IP运营,并借助不同产业或产品形态的有效联动和彼此增强,实现IP价值的指数式增长。再如,近年来火爆的"影游联动"模式。随着国内手游产业的快速崛起,更是为手游IP提供了巨大的发展空间,一些热门手游IP大获成功;这两年影视IP的全面爆发,也为手游IP带来了新一轮的发展契机。影游联动已成为当前国内IP运营最常见的方式,通过影视和游戏两种IP形态的联动协同,实现相互助益,从而延续IP热度、拓展更广泛受众群体、实现多元变现。比如,2015年的现象级IP剧《花千骨》,通过影游联动模式不仅大幅提高了自身的话题热度,手游产品更是创造出月流水2亿元的惊人业绩,超过电视剧本身的利润,从而掀起国内IP影游联动运营的大潮。之后的《幻城》《九州天空城》《青云志》等热门IP剧,都将同步推出手游产品作为IP整体运营的重要一环。

需要注意的是,影游联动只是挖掘IP资源更大价值的一种运营模式,并不能保证IP商业化的成功,成功涉及IP受众、影视剧档期、运营方的整体宣发能力、游戏本身的质量等各方面因素。比如,2015年备受追捧的IP剧《琅琊榜》,在手游产品开发运营上没有成功。与《花千骨》在播出过程中同步推出手游不同,《琅琊榜》是在电视剧热播后才被另一家公司买断手游改编权,游戏推出之时已错过电视剧的热播期,同名手游产品除了上线第一天受到大量关注以外,一周后便迅速被挤出畅销榜。与此类似的还有《甄嬛传》《芈月传》等热门IP剧,都是因错过影视剧的热播档期而没有实现影游联动运营,导致游戏热度难以持续。当然,更为本质的一点在于,这些改编自IP的手游产品本身就缺乏有价值的内容,当错过影视剧作品的热播期后,便很难继续吸引和黏住用户。从这个角度而言，影游联动 IP 运营只是一种吸引眼球的方式，要长久吸引和留存玩家，还需要回归游戏本身的品质上。

IP 的成功运营离不开三个方面：优质的原创内容、低成本高效率的流量能力、激发受众情感共鸣或价值认同的人格塑造。其中，高质量的原创内容是 IP 成功的最根本支撑。特别是在"内容为王"时代下，随着 IP 热的消退、市场理性的回归，只有内容过硬、能提供独特价值的 IP，才能长久吸引和黏住粉丝，成长为更具价值想象空间的超级 IP。

（六）回归理性：影视 IP 的冷思考

于 2017 年春节档开播的大型 IP 剧《三生三世，十里桃花》收获众多好评，成为影视行业的一个成功代表。该剧的收视率冲上顶峰，并不断刷新纪录，剧中男女主角的演技受到观众肯定，被认为是小说中夜华与白浅的最佳饰演者。不仅如此，该剧大结局的收视率再次上涨，热搜榜排名十分靠前。可见，这部改编自知名 IP 的影视作品的确获得了许多观众的认可，并以较高的关注度、大规模的点击量证明运营方的实力，将带动 IP 电视剧的进一步发展。

"2017 电视剧制播年会"于 2017 年 2 月 26 日在上海举办，在业内论坛上，专业分析者指出当前 IP 电视剧存在的主要问题有：许多影视公司只看重 IP 的点击率、关注度及 IP 本身的大小，但忽视对 IP 的影视化改编与制作，业内人士一致认为，要推出成功的影视作品，仅具备热门 IP 是远远不够的，还要通过编剧对内容进行改编，通过制作团队进行内容呈现。

IP 改编能否为电视剧行业的发展注入新的活力？当影视娱乐界出现诸如《三生三世，十里桃花》的热播剧时，能否就此趁势崛起，抑或衰退之前的假象？影视娱乐行业的从业者需要保持客观、理性的态度，避免被乐观景象蒙蔽双眼，因疏忽大意而陷入危机。

21 世纪初出现的 IP 改编电视剧，发展至今已超过 10 年，近年来更是呈现高速增长之势，越来越多的 IP 改编作品涌现在市场上，表明文化娱乐产业正越来越多地采用这种模式。2015 年播出的《何以笙箫默》《花千骨》《琅琊榜》都经过市场检验，如今 IP 改编的不足之处逐渐体现出来，《三生三世，十里桃花》作为又一部 IP 改编的成功代表，意味着 IP 热潮将由盛转衰。

影视娱乐行业本身的属性，使其具有这样的发展趋势。该行业没有固定的发展规律，需要既能够迎合受众群体的娱乐需求，又能促使其审美能力的提高。热门的影视剧可能长期聚焦人们的目光，也可能迅速走向衰落。例如，我国古装剧向来被观众看好，但无论是武侠片、穿越剧、家庭伦理片还是警匪剧，在某个时间段内会纷纷出现呈大火之势，但其热度也都迅速下降，由知名IP改编成的影视作品也面临这种发展趋势。

影视剧作品的质量与观众的反馈意见能够体现出IP改编剧的发展趋势。有些电视剧的网络播放量虽然过亿，足以聚焦观众的注意力，但在作品质量方面仍然有待提升。由此可见，IP改编电视剧的不足之处已逐步显露出来，随着时间的推移，其缺陷将更加明显，令观众逐渐失望。

无论是优点还是缺点，一经对比都更加明显。近年来，虽然出现了许多IP改编剧，但大部分作品的质量都不尽如人意。在此大背景下，稳扎稳打的《三生三世，十里桃花》则广受好评。该作品出现之前，鲜有取得良好口碑的IP改编电视剧，《三生三世，十里桃花》依靠演员的优秀表演、对原著精神的继承、精美的服装、符合观众期待的唯美场景等，在播出后受到广泛好评。

对比《三生三世，十里桃花》这部IP改编作品，在2017年推向市场的几部作品，在演员启用、故事题材、IP影响方面都有些逊色。以《鬼吹灯之黄皮子坟》为例，同一系列作品《鬼吹灯之精绝古城》在2016年12月播出后得到观众认可，靳东饰演的胡八一形象深入人心，对于其他演员能否担此大任，很多观众提出质疑。此外，有些古装剧在题材方面缺乏新意，都市剧在情节设置方面过于简单，很难满足观众需求。

IP改编影视作品存在诸多弊端，具体包括：高质量内容资源较少，不同剧作的剧情设计存在许多共性，偶像派演员向实力型演员的转化过程中存在诸多阻力等。2014年《古剑奇谭》的出现，标志着IP改编进入上升时期，《花千骨》的播出使这种模式的发展达到顶峰，《三生三世，十里桃花》之后，其发展则由盛转衰。

（七）影视IP行业存在的主要问题

凡事都有度，事物的发展达到顶峰之后会逐渐走下坡路，IP改编影视剧的发展也是如此。在现阶段下，该领域存在的弊端已经显现出来，部分影视公司过于看重商业利益，使原本对IP改编起到推动作用的因素转而成为该领域发展的阻力，使整个行业的发展面临新的挑战。近年来，越来越多的现象表明IP可能由盛转衰，很多作品推出之后，观众的不满之声铺天盖地，导致影视公司对投资者的吸引力开始逐渐降低。

1. 忽视IP制作与内容呈现

通常情况下，IP改编的作品在制作环节投入的资金量较少，团队实力也比较有限，且影视公司主要从情节复杂性低、场景转换次数少的网络小说或游戏入手。然而，越来越多的企业只关注IP本身，为了拿下知名IP的授权而与其他公司展开激烈竞争，却不注重IP与影视作品之间是否具备较强的关联性。身处这种大背景下的很多影视公司，会聚焦于IP本身的影响力，忽视对内容细节的打造与呈现，在影视剧播出后，只关注其收视率。运用这种思维模式的运营方，在IP改编及影视作品制作过程中，往往忽视场景设置及对细节方面的推敲，导致现阶段下的许多影视作品在质量方面经不起市场检验。

例如，电视剧《孤芳不自赏》因抠图事件陷入舆论风波，体现出制作方为追逐商业利益而不顾作品质量的行为，主演更因此被指责为拿天价片酬而不敬业。但即便如此，统计结果显示，该剧的网络播出量竟然突破百亿级大关，实在难以证明统计数据的真实性。

2. 原著存在抄袭争议

无论是2015年大火的《花千骨》，还是2017年广受好评的《三生三世，十里桃花》，在播出之后都涉嫌抄袭，有的当事人还诉之于法律手段解决问题，可见事情的严重性。然而，绝大多数观众并未因此放弃追剧，而是选择对争议事件充耳不闻，在一定程度上导致此类事件的持续发生。在观众看来，他们不关心原著是否抄袭别人，只要最终播出的电视剧符合他们的需求，就能获得他们的认可。即便作品存在抄袭问题，只要能够获得观众的支持，即使要为此承担一定责任，运营方仍然能够获得可观的利润。在这种大趋势下，很多原创的优秀作品反而被埋没，网络小说在角色、情节、场景设置方面都存在雷同问题，改编自小说的电视剧也逐渐缺乏创意。长此以往，IP改编行业的发展将陷入低迷状态。

3. 剧作口碑差、收视率高

对2016年IP改编影视作品进行分析可知，很多作品虽然获得了较高的收视率，但口碑较差。从理论上分析，作品的关注度越高，其口碑也应该越好，如果事实并不符合这个规律，说明该作品存在以下问题：数据的真实性存疑，比如2017年热播的《三生三世，十里桃花》斩获250亿的播放量，以此计算，每一集的播放量可达5.17亿。相比之下，中国网民数量接近7.3亿，其中年龄在10岁到39岁的受众数量接近5亿，从这一点分析，超过全体受众数量的播放量未免有些言过其实。除非有忠实粉丝观看两遍甚至更多，否则数据是不可信的。另外，《三生三世，十里桃花》的豆瓣评分仅达到6.3，这样的评分却得到如此高的关注度，有些名不副实。除此之外，粉丝盲目追剧，也有可能导致影视作品的关注度高，口碑却维持在低水平。很多影视公司为了保证作品的高收视率，不惜重金邀请知名偶像明星参演，同样是基于这个原因。然而，这种粉丝效应在近年来的表现也不再突出。例如，由杨洋、唐嫣等出演的《盗墓笔记》因改动过多，脱离原著，导致原著粉丝不买账，遭到许多观众的批判，并未取得预期效果。概括而言，只有优秀的IP是远远不够的，还要依靠制作方及运营团队的努力，但许多影视公司在商业利益驱动下，仍然我行我素。

（八）内容为王：影视IP制胜之道

IP影视剧的持续火爆导致国内各大影视公司、视频平台等对IP资源的争夺愈发激烈。然而，一个不容忽视的情况是，占有IP并不一定会成功，市场已经对此做出越来越多的反馈。抢占IP先机只是有了更好的成功基础，但并不能提升内容质量，而影视市场竞争的根本还是要回归到作品品质上来。一些改编自热门IP的影视作品之所以饱受诟病，是因为过于追求IP噱头而忽视内容本身的创作优化，导致影片内容空洞、题材同质，无法给观众带来独特的内容与价值体验，最终只是形成看似繁荣的IP泡沫。

IP有助于影视作品的成功，但超级IP的打造并非一日之功，而是涉及长期的口碑积累、后端产业链的有力支撑以及有利于IP孵化的整体环境氛围等，对此需要国内相关从业者改变急功近利的心态，以更为耐心、专注的态度打造超级IP。在这方面，美、日、韩等国家相对成熟的影视文化产业运营能够提供诸多有益借鉴和启发。比如作为超级IP的《星球大战》，其运营方曾在英国伦敦举办专门的庆典活动，单日门票收入高达270万英镑；在国内，人们经常听到的消息则是某部电影的制作成本达到几亿元，而基本听不到专门为某部电影举办庆典活动。

大致来看，美、日、韩等国对超级IP的成功运作，主要体现为影视与产业的深度融合，从而拓展出丰富多元的衍生产业和IP产品形态，获得远超影视行业本身的价值想象空间。仍以《星球大战》IP为例，借助电影《星球大战:

原力觉醒》的热播，Death Star 的 T 恤、Font Vella 牌的黑武士版本纯天然矿泉水、SMS Audio 推出的星战限量版耳机等衍生产品均取得了不俗的销售业绩。影片中的 BB-8 机器人玩具虽然售价高达 150 美元，但依然无法阻挡粉丝们的热情，上线 12 小时便卖出 2.2 万台。此外，Adidas、Crocs、雀巢、卡夫、谷歌、乐高等众多知名品牌也纷纷以合作的方式推出《星球大战》IP 关联产品。自 2015 年底在美国上映，《星球大战：原力觉醒》的全球总票房突破 20 亿美元，周边衍生品销售创造的收益更是高达 30 亿—50 亿美元，充分体现这一超级 IP 的巨大价值。

再如，漫威工作室在 IP 运营方面同样十分出色，打造出蜘蛛侠、绿巨人、X 战警、美国队长、雷神等一系列风靡全球的经典漫画形象。商业运作方面，漫威始终将 IP 版权控制在自己手中，通过角色授权或售卖方式，与索尼、环球影业、21 世纪福克斯、师门影业等众多实力雄厚的电影公司合作，制作出二十多部电影。除了影片收入，通过开发玩具、IP 商品等进行多元化产业运营，也是漫威重要的收益源泉。从《星球大战》和超级英雄两大 IP 的成功运营可以看出，IP 运营的根本点还是要回归到价值变现方面，只有构建出多元化的商业变现路径，实现 IP 的产业化运营，才能真正挖掘出 IP 的深度价值。

越来越多的研究和市场反馈表明，随着对优质内容需求的不断增加，很多观众特别是年轻用户逐渐养成为自己喜欢的优质内容付费的习惯，为 IP 商业化运作提供了坚实的用户基础。比如，网络剧已成为各视频平台建立独特内容优势、吸引付费会员的重要手段。除了基本的用户付费，平台也在不断拓展多元化的盈利渠道，如各种硬广告和植入广告收入，将优质网络剧作为独立内容反向售卖给电视台或电影院而获得的内容收入，以及网络剧 IP 周边衍生品、出版物等多元产品形态的收入等。

总体来看，IP 价值变现的基础是内容质量。探索 IP 商业运作的多元化路径，则可以借助不同产业或产品形态的相互增强和联合运营，实现 IP 价值的指数式增长。

拥有优酷和土豆两大视频平台的合一集团 CEO 古永锵曾指出，未来十年将是我国文化娱乐产业高速发展的黄金阶段，其中全民参与的 UGC 模式将成为打造 IP 的一个重要方式。对此，合一集团将在三年内投入 100 亿元重点扶持视频网站中自频道模块的发展。公司旗下的优酷土豆平台中自频道数量已突破 3000 万，2015 年优酷平台原创自频道的收益分成高达 3 亿元，并有几十家自频道成功进行融资。

（九）精品战略：促进行业良性发展

对于改编自IP的影视剧或其他类型的产品，运营方需要依靠粉丝的支持进行IP价值的持续性挖掘，有些影视公司会对IP本身的粉丝数量进行调查，进而决定是否进行改编。在具体运营过程中，运营方需要获得原著粉的认可，并吸引更多观众。相比于普通受众，粉丝在产品面世之前可能充满期待，但对其质量要求也较高，如果产品粗制滥造，则会引起他们的批判，进而拉低作品的整体影响力。

2016年有很多IP改编电视剧都未取得良好的口碑，其中有很多作品的问题都出现在编剧身上，由于编剧对原著的把握不到位，或者表现形式不恰当，对原著情节进行了大量删减或改动，使最终呈现出来的人物形象脱离原著，不符合粉丝期待，导致许多粉丝表达自己的失望与不满情绪，给作品的口碑带来不利影响，这是影视公司一味追逐商业利益而不顾及作品质量的后果。相比于原著的粉丝效应，这类公司更加看重明星的粉丝效应，为突出明星形象而添加牵强附会的情节，严重脱离原著。

尽管许多影视作品依靠明星的粉丝效应获得较高的关注度，但理性分析不难发现，作品本身的价值通常只在短时间内为人所知。影视作品本身就能提高演员的知名度，如今国内娱乐圈并不乏凭借一次优秀表演获得成功的艺人，之后，公司会加大营销力度，对其进行形象打造，使其获得更多的观众支持。然而，这类艺人如果在出道后一直缺乏证明其实力的作品，最终难免走向衰落，逐渐被观众遗忘。例如，2016年推出的三大谍战剧《解密》《麻雀》《胭脂》无一都具有偶像明星阵容，但三部作品的关注度与观众的认可度较低，其原因就在于剧情本身的现代感较强，脱离原定故事背景，充斥太多的偶像化元素，在制作方面也存在许多缺陷，无法依靠明星的粉丝效应支撑起整部剧的运营。也就是说，无论明星具有多么强大的影响力，作品本身的质量仍然是不可忽视的，从中能够体现出观众对剧作的要求正不断提高，其盲目性也逐渐降低。不仅如此，以粉丝经济为主导的IP改编行业对投资者的吸引力也开始下降。虽然很多上市影视企业的财务调查结果显示，其总体盈利呈上升趋势，但对待IP改编的影视作品，多数投资者都一改之前的盲目态度，开始缩减对影视公司的资金支持，导致公司的股价呈走低趋势，给公司未来的发展带来挑战。目前，多数影视公司只追求产品数量而忽视内容本身的质量，生产出来的影视剧难以对接观众的需求，长此以往，观众对IP改编剧的信心将逐渐丧失，公司也难以获得持续性的长期发展。

对 IP 进行改编创作、实现多元化变现，是以 IP 资源本身具有较高价值且后续风险相对可控为基础。确实，与非 IP 资源相比，IP 在内容、话题营销、持续的人格化演绎、新技术整合、流量吸引与变现等方面具有独特优势，能够以更低成本达到更好的传播推广效果。然而，近年来大量资本助推下对 IP 概念过度炒作，导致各影视公司、视频平台等盲目进行"IP 圈地运动"，不仅造成 IP 资源竞争越发白热化，也使得 IP 产业形成大量泡沫和虚假繁荣，最终损害 IP 自身的价值和产业的良性可持续发展。

随着一些 IP 影视剧的火爆和展现出来的巨大商业价值，自 2015 年开始国内 IP 资源的竞争迅速白热化，众多影视制作公司纷纷投入巨资购买、囤积 IP 资源，导致 IP 价格疯狂上涨，甚至很多已经远远超过 IP 本身所具有的价值。比如，2013 年之前很多优秀的网络小说常常无人问津，几十万元便能买到一个"超级 IP"作品版权；2015 年之后，内容质量一般的 IP 作品都是动辄几十万，热门 IP 的价格更是上涨了十几倍甚至几十倍。

拥有多部小说版权的国内知名影视编剧人于正指出：当前很多网络小说即便没有人气，版权费用也不会低于 30 万元；排名稍微高一些的起步价则为 50 万元；具有较高知名度的网络文学作家创作的新书，电影或电视剧的单项改编权费用为 100 万元；作品已被改编为影视剧并获得成功的作家，其 IP 版权的单项开价常常超过 500 万元；至于《完美世界》这种顶级的经典 IP，全版权费用甚至接近 4000 万元。显然，资本助推与炒作造成大量 IP 泡沫，使影视 IP 产业呈现虚假繁荣。随着用户对优质内容的关注以及资本回归理性，影视 IP 市场必然会逐渐迈入精品化的发展路径，并与游戏等更多 IP 产品形态实现产业联动。

第二节　文博机构的 IP 打造与运营

当前，博物馆文创发展如火如荼，何以故宫博物院文创盈利发展，其他博物馆收效甚微？当前，博物院文创 IP 运营正处于"单链式"向"多链式"模式转型。"多链式"模式依托于粉丝经济和创意经济，成为当前构建博物馆文创 IP 体系、打造 IP 集群和 IP 生态平台的主要模式。这种模式现已展现出强大的经济效益和社会效益，但依赖于情感经济而构建起来的文化经济模式，具有一定的局限性。

一、博物馆的使命及藏品开发

（一）博物馆的使命分析

博物馆以保护文化遗产、展示文化遗产作为使命，是国家和民族对外展示本国、本民族文明发展成就的主要渠道。除此之外，博物馆还具有一定的教育作用、文化作用，能够让人们通过观赏文物思考历史、思考文化。可以说，博物馆以更加多元化的方式向人们的生活渗透，慢慢变成人们生活中的一个主要组成内容。从博物馆的角度来说，只有不断加强和人民群众之间的联系，博物馆文化才能传播得更深远。

人们既生活于自然生态构建的环境中，也生活于文化构建的环境中，自然生态环境和文化环境对人们的生活有直接影响，决定人们生活水平的高低。分析两者的关系，可以发现自然环境是文化环境在物理层面的体现，两者是表里相依的关系。文化环境为人们营造的是精神层面的社会环境，对人们的精神会产生潜移默化的影响。

社会在快速发展，技术在飞速变化，人们的生活中有了越来越多的信息，人们开始依赖信息。但是，信息的大量增多必然会带来信息超载，人们在大量的信息中要获得需要的信息将变得更加困难。可以说，当前的信息超载已经严重影响人们的注意力，海量的信息导致注意力匮乏，所以能够吸引人们注意力的资源就是稀缺资源。

在传统农业社会中，劳动力决定竞争力；在现代工业化社会中，社会生产工具以及科学技术决定竞争力；信息社会的出现则是注意力决定竞争力。在信息社会，需要从受众的角度入手，了解受众有哪些需求，了解什么行为会影响受众行为，了解什么样的内容、什么样的表达方式能够吸引受众的注意力，怎样才能做到持续吸引注意力。对于博物馆来说，其传播并不在于信息的数量，而在于提供信息的方式。信息的增长是无限的，但是公众的注意力是不会增长的，要获得有限的注意力，博物馆必须深入了解群众需求，选择群众喜欢的传播方式，只有这样，才能获取公众的持续关注。

◎始于文，忠于创　文化创意的术与道

博物馆当前要解决的一个难题是如何与青少年保持和谐友好的关系，如何为青少年提供他们感兴趣的内容，而博物馆目前使用吸引青少年注意力的方法普遍是为青少年提供更为方便的通信技术、更为现代化的观赏体验。世界各个国家的博物馆都非常注重与青少年之间的关系。随着市场经济的不断发展，社会竞争越来越激烈，面对这样的特殊群体，博物馆需要注重青少年的精神需求，从精神需求角度出发，寻求博物馆和青少年之间的连接点。

近年来，信息技术在各个领域普遍应用，民族文化、视觉艺术和信息技术进行融合。在融合的过程中既迸发出机遇，也面对挑战。发达国家有明显的技术优势，有较强的经济话语权，利用视觉传播方式，不断向世界各国输出他们的文化价值观念。当今，人们对文化的了解和掌握越来越依赖于视觉上的体验，生活中处处充满了视觉符号，比如广告、影视、节目、互联网界面等，这些都属于视觉符号，人们可以在工作场所、家庭、娱乐场所看见各种类型的视觉传播内容，可以说，人们已经生活在视觉符号包围中。

当前，博物馆非常注重内容展现形式的多样化，也注重方式的直观和浅显，向人们传播社会科学知识、自然知识，帮助人们开阔原有的文化视野。对于博物馆，在举办陈列展览时应该始终保有精品意识，要在展览的细节之处体现精品意识，要打造精品品牌，要让展览体现出鲜明的主题特点，要让展览能够反映现实文化，要综合考虑展览中展出的文物、展览能够吸引到的观众数量、展览能够产生的社会影响以及展览获得的评价。在举办展览之前，应该调查社会民众的参观需求，分析大众的心理特征，为社会公众呈现理想的博物馆形象。

博物馆陈列展览的影响因素中，最重要的是博物馆的文物藏品，是陈列展览的核心，因为文物展品具有独一无二的魅力和内涵，体现出的传播给社会公众的文化信息都是独一无二的，而这些信息的传递正是博物馆的主要责任。

（二）博物馆藏品的开发

1. 博物馆营销与文化产业开发

自17世纪后期，具有近代博物馆特征的英国阿什莫林艺术和考古博物馆对公众开放以来，博物馆成为重要的社会文化活动机构，收集和陈列精美的艺术品，使博物馆的教育文化走进大众视野。到20世纪70年代，博物馆的吸引力被越来越多兴起的文化机构和娱乐场所取代，观众的流失以及经济的萧条，使有的博物馆不得不采取措施留住观众，其中英国伦敦科学博物馆在1977年开辟科学探索厅供儿童玩耍；美国芝加哥科学与工业博物馆以成功的营销吸引大批观众。博物馆市场化行为一时兴起，与传统博物馆理念产生激烈争论，直至1989年国际博协在哥本哈根召开大会修改博物馆的定义，将博物馆"不追求营利"修订为"不以营利为目的"。

虽然早期博物馆营销主要是为了获取经济利益，但是随着活动的开展，人们对博物馆营销的认识更愿意从博物馆的核心价值角度出发，将其区别于市场销售，重新认定博物馆营销是通过一系列努力，以试图建立广大观众了解博物馆并且欣赏博物馆的思想基础。博物馆营销不再是获取经济利益的销售行为，更是博物馆社会效益取得的过程。此原则也应用于建立在博物馆营销框架内的博物馆文化产业。因此，有学者把博物馆文化产业定义为从事文化产品和文化服务的生产经营活动以及为这种生产经营活动提供相关服务的产业，注重其参与博物馆活动的服务性，即与博物馆传统行为共同创造的博物馆社会效益。以文化为主要资源，通过生产经营和市场运作，为消费者提供精神文化产品和服务，其最终目的是满足人民的精神文化生活需要。从目前我国博物馆文化产业开发来看，可以归纳为以下类型：

A. 围绕博物馆收藏、展示、研究等博物馆基础功能开展的产业行销，包括博物馆藏品的利用，博物馆精品展览的打造，博物馆研究成果的发布等，如博物馆精品陈列的设计制作、博物馆流动展览的策划与运作、博物馆文物的仿复制。

B. 博物馆文化技术的服务经营，包括艺术品鉴赏与咨询服务、文物保护修复技术服务、馆外展览设计与制作等。

C. 博物馆文化产品的开发与经营，包括民族工艺品与文创产品、博物馆印刷品、博物馆数字化产品的开发、制作与经营。

D. 打造博物馆品牌特色，形成博物馆社会效益与经济效益最佳结合的博物馆产品，包括民族地区生态博物馆的文化观光、民族服饰与歌舞动态表演、文化遗产技艺培训等。

E. 博物馆特色商店、书店、餐饮的经营。

2. 博物馆文化产业开发对博物馆藏品的意义

目前，博物馆文化产业的收益源于博物馆礼品店、茶歇厅、咖啡厅、餐厅等，实际而言，博物馆行销指行销博物馆的内容。要行销美，不是行销咖啡。所以，当代博物馆应回到本位，在美与好奇心上做文章，以博物馆物质为载体的文化资源可以成为产业开发的主要对象。博物馆文化资源是博物馆实现从传统的展示、研究、典藏、教育功能到富有开创性的沟通、信息、实证与休闲主张等一系列功能的物质基础，包括有形资源与无形资源。

有形资源包括场馆建筑、经费、人力资源、文物藏品、技术方法、研究成果等；无形资源包含博物馆形象与风格、文化元素、美学价值、精神追求等，其中博物馆藏品是博物馆有形资源的主体、无形资源的物质载体，也是博物馆产业开发区别于其他领域文化产业开发的特色资源。新博物馆学研究催生博物馆营销的合理化，以博物馆功能重新认识博物馆及其藏品。博物馆收藏范围不再局限于奇珍异宝，而是收藏"文化"，与观众的交流打破以往静态陈列的唯一方式，加强与大众的互动，通过多种方式，让观众"把文化带回家"，以此"活化"藏品。

博物馆藏品一改以独立体的身份充当博物馆的价值表达和博物馆行为的工具，在文化表达背景制约下，博物馆物件被赋予特定文化的价值标准，博物馆藏品角色扩大为博物馆的运行资源、物质基础、工作环节、传播媒介、研究成果等，在博物馆整体大机械运行中参与博物馆研究、展览、保护、宣传、服务等多项活动，向社会提供产出。博物馆文化产业开发不仅是对博物馆功能的延展，更是博物馆发挥藏品意义最大化，满足社会公众多元需求，提供社会产出的有效手段。

博物馆文化产业的核心资源是博物馆藏品，如何取得藏品维护和商业经营之间的平衡，以确保博物馆营销的永续，使博物馆既能获得社会对博物馆运营的经济支持，又不脱离博物馆以社会效益为目的的公益性质，需要博物馆藏品和文化产品在双方利益平衡点上相结合，形成"社会性企业光谱"，用非营利组织与主要利益相关者的关系表示商业化程度，即公益化程度。

博物馆藏品参与文化产业，不是以商品的身份出现。每个藏品带有独特的知识信息，包括质地、色泽、形制、大小、重量等感知信息；用途、工艺、性能等判断信息；民族、历史、社会的文化信息，这些都是文化产业加工的对象。因此，理性看待藏品保护与产品开发的关系，在于认识藏品转化为博物馆经营产品的不是物质本身，而是物质信息的内涵与外延。

现代博物馆的功能不止于教育或学习方面，其运作还有经验、体验、故事，以及艺术美学的领悟，使之成为"诠释人生价值体系"的文化中心。所以，博物馆成为大众的休闲凝聚地，成为文化消费与产业场所。博物馆营销是现代博物馆功能实现的思想引导和组织方式，是博物馆密切与大众联系的必要管理手段。以博物馆营销视野看待博物馆藏品保护与博物馆文化产业，两者并非对立的，而是资源与产出的关系，是对藏品信息有效利用的过程，以形成更多博物馆产出，增强博物馆营销力。但是，文化产业开发过程不能背离博物馆核心功能，而是要遵循对博物馆藏品资源"保护为主，合理开发"的原则，增强文创动力，达成针对藏品与产品的博物馆行为。

二、博物馆文创 IP 的定义及其运营表现

近年来，文化产业界的一个炙手可热的概念是 IP，不论是小说、报纸还是电视剧、动漫和电影中，都随处可见 IP 的概念。IP 具有"知识产权"的意思，现在更多地指文化经济内容。博物馆文创 IP 则以互联网技术为基础，从多维度开发博物馆中具有较高人气藏品的文创作品。事实上，不论是文本故事、人物角色，还是文物概念和文化作品，都可以作为文创 IP 得到开发。很多学者认为，只要存在核心价值或者能够被观众所认可的内容，并具有流通价值的产品，都属于 IP 资源范畴。博物馆文创 IP 也不例外。博物馆文创 IP 要以优质文化作为内核发展，也是获得观众认可的重要因素所在。

由于受众的不断认可和观赏而获得影响力的不断提升。简单来说，优质的文创 IP 要建立在优质的 IP 运营和 IP 内容基础之上。由于媒介融合的不断深化和变革，博物馆文创产品的发展更加多层次化和完善化。比如故宫博物院，其核心理念在于"创意故宫"，也是故宫创意 IP 的立意所在，对青年一代的实际需求予以反映，促进文创产品实用性能的强化。

打造故宫文创 IP 就是利用热门纪录片，如《我在故宫修文物》《故宫回声》以及《上新了·故宫》来促进其影响力的扩大，同时采用各种趣味化的方式打造帝王表情包、仕女风情等形象，并融合网络热词、流行歌曲等现代化的热门词汇，从而获得一批忠实的受众，基于此不断拓展观众群和粉丝群，使得该文创 IP 品牌享誉全国，甚至走向世界，让以故宫文化为核心的故宫文创 IP 得到不断升级和发展，并适应市场发展需求。尤其是以故宫博物院的"彩妆产品"，更是被广大消费者所认可和喜爱。故宫 IP 的知名度越来越大，由此让粉丝们对该系列的彩妆产品产生非常大的兴趣。因此，故宫淘宝官方微博于 2017 年 4 月 28 日正式推出《假如故宫进军彩妆界》，在 2018 年 12 月

9日推出推文《故宫口红，真的真的来了》，并推出6种色号的口红，在同年12月份又加推腮红、高光等一系列彩妆产品。故宫文创IP既采取自营模式，也利用和品牌的合作开发IP的价值和内涵。从2018年"双十二"的销售数据来看，仅仅耗时2分钟，故宫文创IP就获得全线产品售罄的好成绩。尽管最后出于一些原因产品被下架，但并不影响其文创IP价值的体现。

三、博物馆文创IP的运营模式及反思

（一）博物馆文创IP的运营模式

博物馆文创IP的运营模式和普通的IP运营模式有所不同，它是再开发和再创造文物内容的过程，经过粉丝传播和消费而形成的"博物馆文创IP——粉丝消费"的运营模式。在最开始开发博物馆文创IP的时候，是以"单链型"运营模式为主要方式。而随着博物馆文创IP运营模式的变革和创新，它更多地采用了"多链式"的方式参与粉丝之间的互动。

以下就从《上新了·故宫》来展开讨论：

其一，博物馆文创IP向着多元化和创新化方向发展的趋势越来越显著。首先，以文创内容的角度来说，它已经不再局限于单调的人物和文物藏品，更多的是以文化和元素来进行创造。例如，故宫博物院的文化内容就逐步地扩展到各种明星人物、文物工作者、研究者以及故宫文化、故宫景观、故宫历史故事等内容，而不再仅仅是以"雍正卖萌"作为卖点。多元化的元素极大地丰富了故宫文创内容的深层次发展，吸引了更多的粉丝和话题讨论度，让故宫文创IP的发展得以迅速地提升。其次博物馆文创IP的运营模式也开始向"多链式"模式发展，从而促进了IP集群生态平台的打造。如《上新了·故宫》就是一个以故宫为IP的文创集群，它在传达核心内容的过程中采用了影视IP的方式，有效地促进了传播效果的提升，同时从纵向角度上也促进了其他产品的拓展，以故宫为主题的彩妆、睡衣、眼罩、首饰以及茶杯等产品的知名度都得以不断的提升；从横向的角度来看，它也为故宫文创IP体系的建立创造了机会，并推出了《上新了·故宫》的系列产品。从实际来说，该运营模式基本是已经成熟化发展，像《爸爸去哪儿》《我是歌手》《最强大脑》等都已经非常的成熟，并且内容也开始越来越丰富化，广泛性和可持续开发性也都得到了很好的验证。博物馆文创IP是建立在博物馆文化IP的基础之

上的，是不可或缺的重要内容。而这种内容不断在"多链式"模式运营中被粉丝们所传播发酵，最终成为终端的购买行为。加上该运营模式的可复制程度较低，也为"故宫文创"品牌效应的打造创造了有利的机会。

其二，博物馆文创 IP 运营模式中离不开粉丝的作用，具有分散性和流动性等特征。一方面，由于博物馆文创 IP 的内容元素被深入挖掘，呈现出多样化趋势，这也造成多元化粉丝的来源。比如，《上新了·故宫》中就以明星效应吸纳了大量的粉丝，这些粉丝有的痴迷于故宫御猫，有的痴迷于故宫文物或者故宫故事等。由此可见，随着博物馆文创 IP 的不断开发和类型创新，其粉丝分布更加多元、泛化。另一方面，随着博物馆文创 IP 的衍生和开发，文创 IP 面临的难点和问题就是如何有效地实现粉丝向消费者的转换。现在，粉丝的参与程度和活跃度主要由社会化网络媒体来反映，博物馆文创 IP 和粉丝交流主要是通过微信、抖音、微博以及快手等社会化网络媒体来实现。粉丝也开始逐步影响文创产品的生产和发展，如故宫口红就是来自粉丝的创意，让粉丝参与到了产品的生产、传播和推广，而粉丝也成了潜在的第一批消费者。

（二）对博物馆文创 IP 运营模式的反思

以博物馆文创 IP 运营模式的演变角度来说，基于粉丝而构建的"多链式"博物馆文创 IP 运营模式，也促进了经济效益和社会效益的最大化，这对于博物馆文化事业的长远发展来说也是非常有利的。不过，该运营模式是否成熟化还应该进行深入的思考和反思。不论是什么样的 IP 运营模式，多多少少都和感情脱不了关系，能够建构情感的联结点而形成消费，因此这也属于一种情感性消费经济，博物馆文创 IP 也是如此。随着市场生态对个性和体验感的强化，情感牌也并不是一往直前。像故宫口红在上市之初就没有达到预期，而造成这一结果的主要原因就在于没有预计粉丝对产品质量的需求，这对于文化品牌的打造是非常不利的。所以若是仅仅依靠文化内涵来打造文创也是不可取的，不问质量地一味追求文创，将如同泡沫一般，随时都可能破灭。所以，为了更好地适应社会化网络发展的需求，博物馆文创 IP 也要对其经济产业链予以拓展。但这种文化经济模式的发展成熟还需要进一步完善，它是否能够进一步开创博物馆文化产业的新发展，则还需要予以期待。

第三节 创意城市的 IP 打造与运营

一、中国发展创意城市的必要性

中国发展创意城市的必要性如下（图 4-5）：

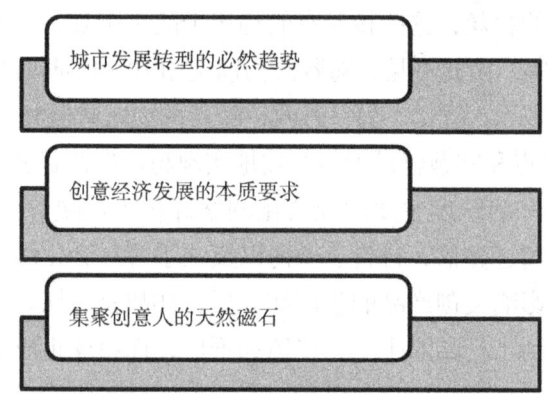

图 4-5 中国发展创意城市的必要性

（一）创意城市是城市发展转型的必然趋势

创意城市发展方案的提出，目的是帮助国家解决城市发展问题，也说明现代城市向创意城市转型是社会经济发展的必然趋势。近些年，中国经济快速稳定发展，越来越多的农民工进城务农，或者让子女进城上学，导致农村人口老龄化、学校空置、城市人口快速增长等一系列问题。南方城市发展较北方城市发展速度快、收入高，越来越多的人才向南方城市涌入，甚至有的顶尖人才受国外优质待遇诱惑，选择到国外工作生活，导致各地区发展速度不一，收入差距大。要解决这一问题，首先要改善城市的发展方案，吸引更多的人才和企业加入城市发展大军中，才能有效促进城市经济的发展，从而达到社会经济的稳定提高，而西方国家提出的创意城市发展，可以解决这一问题。

（二）创意城市是创意经济发展的本质要求

经过社会经济发展浪潮洗礼，现在的企业模式已经从最原始的人力劳动时代转变成现在的人工智能化时代,要企业高速发展,提高当地的经济收入,必须吸引大量有志之士加入,他们运用自身的知识水平,使企业可以在减少人员投资的情况下智能化运转,从而提高生产效率,促使经济效益最大化。

现在已不再是人工时代,甚至在不远的将来,人工操作将退出历史舞台,不论是西方国家还是中国,知识和创新已是发展经济的主要因素,要吸引更多有创新意识和高水平的人才加入,必须让他们看到发展前景,再加上现在国际提倡绿色发展,所以城市的环境发展也在人们的考量之中。

(三)创意城市是集聚创意人才的天然磁石

不论是什么时候,人才都是发展的主要条件,没有人才,一切都是空话。人才不只要有丰富的知识,还要具有敏锐的洞察力和创新能力,眼光必须长远。创意人才不是单一的,而是多元化的,如同古代朝堂上的文臣和武将,他们在各自岗位上为国家效力,发光发热。创意就是在某个基础的发展上提出一个点子或者框架,而创新则是对这个点子或者框架进行完善,相比而言,创新对内外环境有着更高要求。所以,城市发展需要把大量的资金和精力用在城市内外环境建设上,将会使城市的人居环境得到提高,城市发展的脚步自然会加快,经济的发展也会得到提高。

二、中国创意城市发展策略

创意城市发展是对城市原有发展策略的重新洗牌定义,不再按部就班,所以很多方面需要国家政策和财政的支持,有了这些基础保障,创意城市的发展才能良好地进行。我国创意城市发展的模式和动力不是单一的,而是多元化的,以下针对创意产业集聚驱动、创意消费需求拉动、创意氛围引发、政府制度保障四种中国创意城市发展模式的发展特征及动力源,从过去情况、现在情况、未来设想进行研究,提出有效可行的策略,创新城市的建设才有了框架,实施起来也变得程序化,也为其他城市提供参考依据。

(一)构建完整的创意产业体系,驱动创意城市经济发展

我国创意城市的发展体系,目的是驱动创意城市经济发展,而策略的制订,需要对城市和城市企业进行重新定位。城市的发展离不开企业发展的助力,企业发展直接影响当地城市的经济水平。然而,在创意城市发展规划中,

企业的创意发展只是其中一部分，发展和上下游资金链有着绝对的关系。所以，如何制定创意城市发展体系是影响创意城市经济发展的主要因素。创意城市发展体系需要由内而外进行协调，从而达到整体化的改变。不论是主产业还是延伸产业，都需要进行提升，只有整体提升，城市的竞争力和城市影响力才能有所提升，才能为"创意城市网络"发展添砖加瓦。企业的发展不能是一部分带动一部分，只能是齐头并进，一起提升。他们之间既独立又相互制约，如同盖房子的地基，若地基不稳定，房子可能会倒塌。因此，在构建创意产业体系时一定要考虑其完整性。只有这样，创意城市经济发展才能得到良好的驱动。

（二）汇集创意人才，提高创意城市文化创意能力

现在社会竞争压力大，落后就要被淘汰，不论哪朝哪代，人才都是发展的主要因素，如今的社会已经是信息数字化时代，智能化逐步代替人工，不论是企业还是国家，对于人才的渴求是迫切的，因此对人才的定义也发生了改变，不再是狭隘的。现在常说的人才是新型人才，必须有大胆创新和创造能力，创新已经是一个企业、一座城市的必备条件，若一直按部就班，因循守旧，不论是企业还是城市，都无法得到发展，所以人才就成为发展的关键，只有人才的大量加入，创意城市的文化创意能力才会有所提高。

对于人才的吸引需要国家和该城市在政策和待遇上进行优待，城市可以利用的人力资源对某方面的人才进行内部委培，也可以到高校进行招聘，还可以对在职人才进行再培训，提高他们的专业素养，逐渐满足城市的人才需求。城市的发展需要不断注入新鲜血液，良好的工作环境和社会待遇可以调动人才的积极性，激发他们的创造灵感，从而更好地为创意城市的发展服务。

（三）加强科学研究，提升创意城市技术创新能力

创新，一直是发展的关键，创新能力和创新水平决定发展速度的快慢。一个城市的发展离不开技术的创新和文化的创新，两者相辅相成。所以，在提高创新能力方面，科学研究必须也得跟上，而科学研究的突破则依附于文化知识水平和技术水平，所以在科学研究时要分步行动。我国在这方面的研究，主要是依靠高校和科研机构进行，在整个研究过程中，理论与实践相结合是整个研究过程能否推动技术创新，基础研究和应用研究的关键。由于整个过程复杂、资金消耗大且成功率较低，政府应及时给予资金和政策上的帮

助，科研机构需要在研究开始前为研究的顺利进行增加可用人才数量，相关技术部门或者在高校开展多次交流，确定研究方案，制定研究流程，对随时可能出现的问题进行归纳，制定解决方针，尽可能地达到技术上的突破和创新。

（四）推进城际交流，提高创意城市开放程度

"创意城市网络"的设立，目的是让城市紧跟国家发展、国际发展，这一举措将推动城市复兴和重生。而网络化可以通过合作，促进文化多样性和城市的可持续发展，使人们能了解国际发展趋势。人们通过"创意城市网络"实现和其他城市或者国家的互动，为个人发展提供有利条件，使个人的综合发展得到提升。所以，创新城市成为城市发展转型的必然趋势，"创意城市网络"成为国际交流发展的必然手段。在这样一个开放、互动、包容的环境下，我国创意城市发展成果将会得到显著提升，经济水平和城市影响力达到质的飞跃。

第四节 乡村文旅的 IP 打造与运营

中国旅游产业发展至今，旅游 IP 概念已逐步兴起，并发展为重要的商业模式。最开始的 IP 概念来自 1990 年至 1999 年的美国，主要源于动漫产业，主要是标记为独特的、有魅力的，能够持续吸引人，并因为 IP 所标志的优质内容而吸引用户，组成有相同兴趣和价值观的社区，这些用户不断参与，最终消费。旅游 IP 的开发也是这样的过程，利用特色文化作为孕育 IP 内容的土壤，通过对特色文化资源进行深度挖掘、传播，与时代结合的再现和再装，打造出旅游 IP，使旅游产品变现。所以，旅游 IP 依托地方特色文化而存在，是其总结和升华，正如"一切文化都可以变成超级 IP"。在乡村振兴的过程中，最优利用乡村文化和最佳保护乡村文化是现代乡村建设必先思考的问题，而打造"旅游 IP"，将文化与旅游相结合，树立优质的 IP 理念，可为乡村建设振兴和文化传承探索出一条新的道路。

◎始于文,忠于创 文化创意的术与道

一、安庆市太湖县乡村文旅 IP 提升路径分析

（一）太湖县乡村旅游发展概述

1. 旅游资源类型丰富

安庆市太湖县隶属安徽省，北接大别山，南临长江，交通便利，铁路有合九铁路，公路有东、西方向的沪渝高速和105国道横穿县域。全县面积2万多平方公里，人数58万，分布在15个乡镇和174个行政村，共形成12个居民委员会。太湖县是旅游大县，被国家首批列为全域旅游示范区创建县。太湖县具有丰富的旅游资源，自然景观丰富，包括山地、水系、田园等多种地貌景观；文化景观更是多种多样，如文化遗址、古村落、建筑、宗教、古镇、墓葬、民俗节庆等，还有多项非物质文化遗产。

2. 旅游开发初见成效

曾经的太湖县最著名的四大景观分别为：龙山夜雨、马路西风、法华方竹、玄妙古松。随着发展，太湖县整合旅游资源，围绕"禅"的主题精心打造旅游观光、文化体验、休闲度假等多功能的旅游区。太湖县宣传"朴初故里，禅源太湖"口号，以"一湖一园一文化"为旅游资源核心，打造两家4A景区、3家3A景区、2家2A景区，建设49家农家乐，等级为三星级，还建立了4个国家、省级农业旅游示范点，17个省级乡村旅游示范村。不仅如此，太湖县还依托文化景观，建设新兴业态和休闲乡村旅游景观，近几年建设的新兴业态包括万秀园、红米田园、古路河田园综合体、龙潭寨民宿、百罗湾、喜乐田园、七碗茗宿、栀子花岛、程岭猪迷民宿、桃园里等；休闲乡村旅游景观包括大石乡文桥村、白云村、大塘村刘畈乡栗树村、江塘乡何墩村等。

（二）太湖县乡村旅游发展模式分析

太湖县乡村旅游发展模式主要有以下几种（图4-6）：

第四章　文创出圈——IP孵化

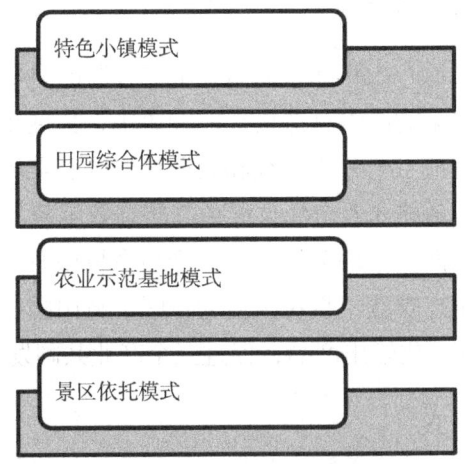

图4-6　太湖县乡村旅游发展模式

1. 特色小镇模式

太湖县的特色小镇是寺前镇。寺前镇主要依托众多古寺名刹，著名的是东晋大兴年间修建的佛图寺以及宋开禧年间修建的麻院寺，以及秋潭寺、西云庵、狭公庙等著名寺院。寺前镇不仅拥有丰富的宗教文化资源，还有独特的、传统的乡村文化氛围，其隶属的四个村都是美丽乡村示范点，如佛图寺村、乔木寨村，且整个镇白墙灰瓦的徽派建设风格，也是独具特色的旅游资源。寺前镇接力太湖旅游区的"禅"主题，发挥宗教文化优势，打造特有的"禅"文特色小镇，发展乡村旅游。寺前镇以禅文化为核心，深入发展禅宗文化产业、禅文生态旅游产业、配套产业和其他产业，四个板块互相促进，协调发展，在打造特色小镇的同时，带动小镇的产业发展。

2. 田园综合体模式

田园综合体模式的代表是太湖县天华镇，该小镇旅游资源丰富，有典型的山区地貌，还是重点库区，其半壁地域都是花亭湖风景区。天华镇依靠这些自然风光打造"天华八景"，如平湖映月、法华方竹、古寺铳钟等，天华镇还打造出高水平田园综合体项目，发挥农业资源优势，将特色农产品结合民宿产品的开发，促进乡村旅游发展。另外，太湖县的其他村镇也依靠自有旅游资源，打造农家乐、民宿、生态采摘园、垂钓中心于一体的田园综合体，促进乡村旅游发展，如寺前镇义安村、江亭区江塘乡。

3. 农业示范基地模式

太湖县利用油菜这一农作物，采取"油菜+"的种植模式，优化结构，连片种植，在生产油菜的同时打造成片的油菜田，扩展乡村生态观光景色。太湖县在国、省、县道主要公路沿线和旅游风景区、美好乡村示范点周边划定油菜生产保护区，创建3万亩油菜绿色高质高效示范基地+乡村旅游扶贫综合示范区。以点代面，带动全县农业生产与乡村旅游。通过建设，变单一农业为观光农业和生态农业，将农区变为景区，将田园变为旅游景点，将农产品变为旅游商品和文化输出产品，促进三个产业共同发展。

4. 景区依托模式

太湖县的旅游资源主要集中在以花亭湖为中心的晋熙镇、天华镇和寺前镇。三个镇已经开发花亭湖景区、佛图寺景区、西风禅寺景区、龙山景区等景区，其中旅游资源优势最好的是国家4A级旅游风景区——花亭湖风景名胜区。它坐落在太湖县晋熙镇，有梅花寨、黄龙洞、冷家桥瀑布、石屋、香炉寨遗址、蘑菇岛等风景优美的自然景观；还有赵文楷点元报喜亭等特色的人文景观。晋熙镇充分利用这一旅游景区优势，连接特色旅游资源，打造环库线和赤百线两个乡村旅游经济带，带领游客领略湖光山色、幽谷流泉、茶山竹海、险洞飞瀑、天然氧吧等不同的美丽景色。晋熙镇梅河村曾获得"安徽省生态村""全国乡村旅游重点村""安徽省美丽乡村重点示范村"等多项荣誉。

（三）太湖县乡村旅游文化品质提升的建议

1. 打造乡村旅游精品，推广富有地方特色的文化呈现

地方文化的创造主体是乡村百姓，乡村百姓在长期的生产生活实践中所创造、积累形成的地方文化，是对旅游者最大的吸引力，是提升乡村旅游文化品质的重要根基和灵魂，必须要对乡村多样化的文化元素进行保护，并在这个前提条件下，打造乡村文化的特色品牌。在开发乡村文化过程中，要结合乡村具有特色性的民间文化遗产和地域文化以及传统文化，并融入现代文明，以旅游者喜闻乐见的形式，将高品质的乡村旅游产品打造出来，同时树立文化引领的观念和意识，积极开发文化旅游新产品和新业态，走出一条融合农业和旅游业以及文化产业共同发展的新型道路。以村落建筑、田园风光、

乡土文化、民俗风情和绿水青山等资源作为基础，积极开拓新产业和新业态，将更多的差异化、多元化和特色化文化体验提供给旅游者。

结合太湖县的乡村旅游来看，集田园综合体和农家乐于一体，将旅游经济和农业经济衔接起来，推动乡村三产的深度融合发展。除此之外，精品酒店和乡村民宿是展示乡村文化的重要窗口，也是传承乡村文化的重要载体和工具，要精心设计和打造民宿的文化元素，将精品民宿创建起来，对乡村文化进行呈现和传承。目前，太湖县比较有名的特色民宿是龙潭寨民宿、程岭猪迷民宿和七碗茗宿，要以这些特色民宿作为基础，将民宿包含的文化传承和展示功能发挥出来，让精品文化民宿成为乡村旅游的名片。

2. 促进乡村文化产品升级，带来丰富多彩的乡村文化体验

文化创造力的挖掘和文化凝聚力的发挥是开发乡村旅游产业的重要力量。要将乡村拥有的文化设施积极利用起来，通过免费放映工程、志愿服务和免费送戏活动等方法，推动文化积极下乡，针对乡村群众开展形式多样的乡村文化活动。乡村旅游发展要与市场环境衔接，与之相适应，乡村旅游产品的打造要注重品质化和差异化。同时，要在乡村现有文化资源的根基上，对文化进行深入挖掘，特别是朴老文化、红色文化和民俗文化以及状元文化等，都是较好的接入点，打造公共文化服务品牌，特别是乡村春晚、百姓舞台、太湖夜读、百姓诗台和太湖讲坛，等等，让文化品牌在群众心中的印象更加深刻，结合太湖的文化开展具有特色的活动。除此之外，还要不断提升乡村生产文化产品能力，将文化积极送下乡，对乡村以往就有的农耕文化和民族文化以及民居文化进行深入挖掘，推动乡村文化实现自我良好发展，从根本上帮助农民将文化自信树立起来，为乡村文化的发展建立起自我供给的系统。太湖县的民族文化非常丰富，民间技艺方面包括舞狮、打连厢、剪纸和竹编等；民间文化方面包括民间故事和神话传说以及民歌；民间美食方面包括烫豆粑、炸生条和打糍粑。开发旅游的过程中，要深入挖掘这些民俗，通过互动体验和传承节庆以及展示参观的方式，实现乡村旅游产品和民俗文化融合，提高旅游者对文化体验和文化活动的吸引力。

3. 强化乡村文化自信，多渠道引导对乡村文化的认同感

要推动引导人们认同乡村文化，加快传播文化认同感，必须充分发挥大众传媒的作用。随着信息技术的发展和互联网的普及，新媒体传播成为当下

重要的传播渠道之一,相关人员要充分利用新媒体的优势,利用互联网对乡村文化和民俗进行宣传推广。唐翔是太湖县副县长,也是当下的网红县长之一,他利用短视频拍摄和直播方式,对当地的文化产品、旅游景点和文化习俗以及旅游特色产品进行宣传推广,此举也是文化认同感的培养过程。因此,要对具备较高新媒体运用能力和素养的民间艺人、农村文艺骨干进行培养,发挥他们的优势资源,为乡村旅游的发展培养更多优秀主播。

以综合性文化服务中心作为依托和基础,采用群众喜闻乐见的方式,将文化与活动组织和开展起来,特别是节气民俗和乡村祭祀礼仪等传统文化活动,将传统文化活动具有的凝聚功能和族群互动功能充分发挥出来,让乡村居民不断提升乡村文化产生的地方归属感和强烈认同感。

4. 传承乡村传统文化,促进乡村文化的内在生长

对乡村优秀传统文化的发展和继承也是对乡村记忆的留存,包括对红色历史和镇史以及村史在内的乡村历史文化资源进行开发和利用,深入挖掘其背后价值。以红色历史为例,太湖县拥有许多红色旅游资源,胡氏新祠是刘邓大军组织刘家畈高干会议的遗址,玉珠吴氏宗祠是北中区苏维埃旧址,还有烈士陵园、兰家山会议旧址、大石岭农民暴动纪念碑和四面尖138师抗战遗址等,都是当地的红色旅游资源,要将这些分布在不同方位的旅游资源连接起来,从点到线再到面,致力于红色文化旅游精品塑造,将历史文化记忆予以还原。

文化的本质属性是传承性,传承和发展是保护乡村文化的重要切入点和思考角度。对乡村文化进行保护和开发的过程中,要将传承和利用放在同等地位,在保护名录中纳入具有较高历史文化价值的民居和传统村落,保护和开发好古民居和古村落。开发要在保护基础上进行,保护和传承工作是开发工作中的重要内容。太湖县的非物质文化遗产有曲子戏和花梆舞,如今已有8个非物质文化遗产传习基地建成,还对《太湖曲子戏》进行组织编纂。除此之外,中国名村志文化工程中,还将北中镇宝坪村的《宝坪村志》列入其中。

人是传承文化的关键,要制定政策,对人才产生吸引力,对乡村旅游人才增强培养力度,特别是加大培养乡村旅游开发的领头人。在人才培训方面,要重视文化知识、思想政治素养和服务技能以及乡土情怀等方面的培养,为传承和创新乡村文化奠定人才基础,如此一来,才能以自觉传承和内在生长推动乡村文化的发展。

二、苏州文旅 IP 的打造与运营

（一）苏州乡村文旅融合的现状

苏州文化与旅游市场在不断增大，为传承苏州乡村江南文化、发展文化旅游提供了广阔空间。苏州乡村文旅融合主要呈现出 4 个特点：

1. 生态文化保护成效显著

江南文化的根在于苏式农业农村和水乡生态。随着当地深入推进美丽乡村、特色小镇、共享农庄和特色田园乡村建设，推进太湖围网拆除工作、四个百万亩和 263 整治等专项工作，推动苏州农业农村生态环境持续改善，不断筑牢乡村文旅融合的根基。截至 2019 年，苏州拥有市级特色田园乡村 42 个，省级 8 个；建成 100 个市级美丽村庄示范点；690 个三星级康居村庄；7 个省级乡村意蕴文化农旅特色小镇，这些建设成为苏州开发和传承乡村文化旅游的重要基础。

2. 乡村文旅硬件设施得到改善

苏州在江南文化和现代文明之间实现融合和连接的重点在于建设乡村的现代化设施。近年来，苏州非常重视乡村文化的传承和发展，乡风文明在硬件建设上投入力度不断加大，乡村文化广场、乡村文化大厅不断涌现。同时，为了让文旅融合质量不断提升，苏州持续加大力度开展乡村文化陈列馆、污水处理和厕所革命以及四好乡村路等方面建设。

3. 江南乡村文化品牌影响力不断扩大

打造江苏省市文旅品牌是对江南文化乡村意象进行保护。对乡村生活中流传下来的民俗仪式文化进行内化，并将存在发展瓶颈的传统技艺转化成经济效益，加大重视力度和保护力度，并逐渐推向市场，塑造出特色品牌。以旺山和树山为代表的乡村文化旅游品牌对于江浙文化的传承和发展产生巨大的影响。

4. 精神信仰式乡村文化 IP 受到关注

精神内涵是苏州乡村江南文化的灵魂。随着改革开放的推进，以永联村和蒋巷村为代表的乡村打造出了老支书精神,对苏州乡镇经济发展起到重要的引领作用,重新再现苏州乡村传统文化基因中的集体主义、英雄气概、爱国主义、民族情怀、担当奋进等情感,也是乡村文化旅游必不可少的精神信仰。

(二)苏州乡村江南文化与旅游融合的路径

传承江南乡村文化,凝练乡村特色文化 IP,做好乡村文旅融合,苏州还需要在文化涵养、产业开发、利益考量、系统扶持等方面发力。

1. 江南乡村文化底色保护要再加强

保护修复乡村文化底色,做好乡村文化保护的基础工作,需要寻求具有本土特色的乡村意象要素进行合理保护,保留并挖掘乡村文化特色,树立鲜明的乡村意象。

江南乡村文化底色保护的加强措施如下(图 4-7):

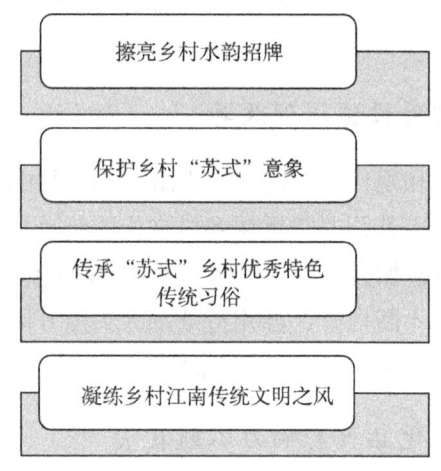

图 4-7 江南乡村文化底色保护的加强措施

一是将乡村水韵招牌擦亮。利用包括建设运河景观带和保护长三角一体化区域生态环境等系统化建设机会,积极参与水域环境保护问题并发挥出优势资源的作用,协同解决问题。对乡村片区的河、湖长制不断完善,让河长和湖长的督察能力不断提升,促进监测效率的提高。在乡村中,将雨污分流工作做好,建设和处理、利用好乡村污水处理设施。严格把控乡村河湖周围使用农业化肥的情况,有效处理养鱼、养蟹等养殖行为。

二是对乡村"苏式"意向进行保护。以建设乡村生产生活系统工程作为切入点,将乡村美丽庭院做细、做实,营造乡村生活的宁静气息,在乡村中增添更多的江南意蕴。将与苏州相关的诗、篇、文做整合和梳理,以古诗词中描绘的内容作为出发点,对江南乡村意蕴景象不断完善和保护,对"苏式"诗韵江南重新构建。把苏州流传下来的江南传统农村文化进行适当保留,对"苏式"乡村文化IP深厚植入,弥补传承农耕文化中出现的现代和传统之间的分离,不断完善乡村中以往具有的自然生态环境保护制度,传承和保护"苏式"建筑、乡村古桥、江南古村、苏州传统鱼米之乡、乡村园林和古井等代表"苏式"意象的文化符号。

三是对"苏式"乡村优秀特色传统习俗进行传承。延续和保护包括生育祝寿和"苏式"婚姻嫁娶在内的、具有苏州烟火气的乡村传统习俗。将地方文化和方言课程加入学校教育课程中,将方言内容,比如山歌、昆曲和船歌等传授给学生,鼓励当地村民引导儿童积极学习方言的行为,也可以方言作为主题,开展常态化的活动和比赛,恢复以往乡村道、乡镇之间的出行体验线路,比如吃苏州船菜、品江南水乡文化、乘乌篷船和赏乡村风景等。

四是将江南传统文明之风重新凝练。以传统乡村文化作为基础,以企业、村民、专家、商户和政府作为代表主体,参与文明公约制订的研究讨论,并在校园课堂和每家每户、乡村墙壁上宣传公约,营造出文明风尚,提升村民的耻感意识,从精神奖励和物质奖励着手,在乡村中树立和传播遵守文明公约、弘扬传统乡村文化的新风尚。

2. 乡村特色文化旅游产业发展要再提质

生物遗传特性是传承文化的重要特征之一,表示文化传承具有变异性和继承性。换句话说,对乡村特色文化IP进行凝练,让乡村文旅产业链不断延伸,是实现苏州乡村江南文化文旅融合的重要内容。

第一,将乡村文旅产业分工与合作的集聚优势充分发挥出来。在区域内,从不同特色乡村中找准独具江南文化的IP,把小城镇对于周边乡村的聚合和带动功能充分发挥出来,打造出乡村文化旅游发展联盟,对乡村历史文化的特色资源深入挖掘并且激活转化,吸引相关文化旅游企业加入,最终推动乡村文化产业集聚效应的形成。

第二,提升"苏式"乡村传统文化衍生出的体验产业项目品质。以乡村传统饮食结构作为核心,以当地饮食作为基础,开发出新品菜谱,精细化和仪式化"苏式"村饮食的餐具和饮食品,把代表江南的乡村舌尖味道呈现在游客眼前，将"苏式"饮食文化打造成产业化项目。同时，与民间机构，比如餐饮行业协会加强沟通和联系，将他们的统筹协调作用发挥出来，形成差异化的镇村餐饮文化特色。在自愿合作基础上，将乡村闲置房产资源唤醒，融合乡村文化性和舒适性，进一步强化"苏式"文化和"苏式"风貌的结合发展，在乡村民宿中打造出新发展业态，真正把"苏式"乡村文化风貌呈现出来。

第三，为乡村江南文化旅游开发新风格。提升对包含、承载浓厚乡村传统文化的苏州乡愁记忆平台的关注度，对于独具江南风格的乡愁文旅项目加大开发力度。与乡村之夜的特色资源相结合，对乡村传统的夜间项目进行开发，破除闭塞，延长夜间消费的产业链，增强后发优势在经济比较落后的乡村作用。实现美术、文学和动漫以及摄影等创作载体与"苏式"乡村江南意蕴底色相融合，为乡村创意IP的发展树立名牌形象，用乡村特色吸引更多原乡音乐、手游和动漫等文化产业的驻入。

第四，以"苏氏"文化作为核心打造特色产业基地。以苏州精神作为焦点，对乡风乡德增加关注，对历史典故进行挖掘，对乡村文化创意IP进行提炼，充分发挥江南特色的吸引力和影响力，独辟蹊径，打造热门网红文化产业项目，比如"苏式"乡村演艺项目带动乡村旅游的发展。传承和发扬具有江南乡村特色和生活气息的传统节庆，特别是蚕花节、猛将会和轧神仙，以农业节庆日为契机，推动旅游产业深入发展，打造研学文旅和乡村振兴融合的基地。

3. 乡村利益共享机制要再完善

共同体的主要功能和作用是建构秩序、协调利益、安全保护等。在乡村文旅发展中逐步建立起共享产业利益的体制，致力于乡村文旅产业发展利益共同体的打造，从而推动江南乡村文旅融合的高质量发展。

一是发挥乡贤群体的作用。在乡村文旅产业项目中凝聚企业家力量，提升他们在振兴建设规划和社会地位中的发言权，重视乡贤在乡村文旅产业发展中的助推功能，将他们在不同层面掌握的政策、专业知识、技术、市场信息等转化为在家乡建功立业的内在动力。

二是增大对村民群体需求、诉求的关注。及时掌握村民的利益诉求和现实需求，做好宣传引导乡村建设远大规划和现实利益分享工作，让村民将切身利益与乡村的长远发展相结合，推动合理公平的利益分享机制的形成，增强村民对建设乡村文旅项目和传承文化重要性的了解，并且形成认可和支持的观念、态度。让村集体和企业、政府出力共同规划，推动乡村社会帮扶基金的建立，妥善处理发展文旅项目对养老、医疗和社保等方面产生的问题，帮助困难村民解决日常生活难题。配齐乡镇和社区中教育、医疗方面的公共设施，增强对年轻人返乡创业、工作的吸引力。

三是在乡村商户方面加强管理力度。增加对乡村非遗传承人的关注度和帮助，协助他们成立工作室，从物业日常开支，比如水、电等费用的减免优惠着手，让他们专注于独特技艺的提升，在传承和保护乡村非物质文化遗产方面加强力度。让传承乡村文化技艺开展的学徒式教育受到鼓励和推广，以老中青结合、老带新的梯度建设发展非物质文化遗产。对苏州乡村艺人更加关注，着力开发乡村特色文化纪念品，将原创设计加入乡村文旅主题纪念品的生产中。

各级政府要加大扶持和指导力度，推动特色乡村文化旅游行业协会的成立，在行业规范和行业制度上制定更高标准，从文旅功能分工和质量监控的角度，提升乡村内部和乡村之间的服务质量，建立更加紧密的联系，有利于向外部争取更多的优势资源，开展自我营销，从而在乡村文旅产业的可持续发展过程中获得更强劲的力量。

4. 乡村文化旅游支撑系统要再健全

发展乡村旅游最关键的是将优势的旅游资源转化成优质的旅游产品，在全区域范围内与其他产业进行协同发展。具体来说，要在农村安全整治上加强力度，增强政策扶持，推动文旅和金融的融合发展，围绕乡村文旅品牌做好自我营销。

第一，将乡村清洁工作落细落实。与目前备受关注的垃圾分类工作相结合，把分类垃圾桶零散投放给游客和村民，同时结合民俗餐饮行业的需求，加强垃圾处理设施的建设和投放，保障拥有足够多的垃圾清运车定时帮助清理垃圾。就乡村公共厕所的建设方面来说，公厕密度设置要合理，指引公厕的标志和方向要清楚，与周围建筑和环境保持一致，并且定期进行清理。

第二，提升"苏式"乡村景观建设水平。通过网上预约优惠和分流限峰的举措，解决文旅乡村人流密集的问题，让游客享受乡村文旅中的舒适和悠闲。增强对乡村传统功能布局中内在结构的关注，研究原有机理。重视对过度使用霓虹灯和乡村灯光的问题，特别是有些乡村开设浪漫萤火虫和数星星的项目，防止光污染问题的出现。

第三，提升监管和服务关键节点的力度。推动乡村文旅开发工作小组的成立，涵盖自然资源、住建、财政、发改、农业农村和文广旅等各个部门和村集体，做好协调保障工作。政府要在惠商政策上加大扶持力度，逐步完善不见面审批的程序和星级考核制度，提升工作效率。对涉水、涉电和涉火等容易存在安全隐患的地方进行排查，消除隐患；不断完善全覆盖的"天眼"监控设施，在乡村推动安全工程建设。

第四，积极宣传和推广乡村文化旅游。充分发挥成熟网络服务平台的优势和作用，与权威旅游网站积极沟通、合作，做好宣传推广工作，特别是重视营销乡村文旅IP。利用移动自媒体传播平台的功能，特别是抖音和微信等与客户直接沟通的新媒体，提升传播乡村文旅的知名度。加大监管旅行社和乡村文旅工作人员的服务质量，在乡村文化旅游推广和建设过程中塑造品牌。妥善处理传承乡村文化、开发乡村旅游中出现的透支美誉度问题，及时回应负面舆论和负面事件，传播和营造正面形象。

结　语

任何国家的富强都需要优秀文化提供相应的精神引领与智力支持。随着中国特色社会主义进入新时代，发展文化创意显得越来越重要与紧迫。当今世界，以信息技术、人工智能和生物科学为主导的科技革命突飞猛进，改变着人类的生产方式、产品形态和生活方式，人们的思想更加多元，文化创意面临着更加复杂的现实境遇。新时代的文化创意只有立足传统，才能不忘民族之魂；只有拥抱未来，才能适应时代之需。

以传统为本，以时代为轴。中华民族具有5000多年连绵不断的文明历史，创造出博大精深的中华文化。中国传统文化是中华民族的精神之根、智慧之源，承载着中华民族古老而常青的光荣与梦想，是新时代中国思想、文化及艺术创新弥足珍贵的财富与资源。因此，文化创意不能忘本。人们要积极探索传统文化与现代文化的对接融合，用新的体验与知识找回、激活、重组个体身上传承数千年的中华优秀文化基因，使传统文化再次获得活力与生机。

经典文献是民族传统文化明显的符号系统，是一个民族历经岁月沧桑沉淀的知识精华，具有历久弥新的意义与价值。挖掘、利用经典文献是文化创意的重要途径，对此应深切领悟传统精髓与智慧，探索传统元素的现代表达。如，我国动画艺术曾经汲取传统绘画技法与现代美术电影相结合，创作出的新颖独特的水墨动画片《小蝌蚪找妈妈》《牧笛》《山水情》等，开创出了动画的"中国学派"，让中国传统绘画技艺得到传承和创新。

还记得平昌冬奥会的"北京8分钟"吗？其以现代思维和手法，运用智能科技完美展示中国传统文化符号——凤凰展翅、龙凤呈祥、梅花、长城、中国结、中国五彩龙等。通过"北京8分钟"，人们不仅看到文化的魅力，也看到科技的力量。未来，人们要在文化与科技的融合中，创新文化的表现形式。此外，人们还应从中国造物文化中汲取精华，以造物为媒介，创新文化的传播载体，将中国传统文化元素与当代造物文化囊括其中，让中国文化形象更具科技感和现代美感，使中国形象更加鲜明和充满感染力。

以实践为基，以创造为魂。传统文化是创新的不竭源泉，但只有继承传统又不拘泥沿袭，才能超越传统独辟蹊径。改革开放40多年来，中国人民创造了丰富的物质与精神财富，为人类文明发展做出了巨大的贡献，不仅为文化创造提供了多彩多姿的鲜活素材，也为文化新形式、新样态和新业态的产生提供了广阔厚实的肥沃土壤。成功实践源于先进理念，优秀文化源于前沿观念。文化创造应当高度关注和反映当代中国各领域的建设成就，以广大人民投身其中的中国特色社会主义新时代伟大实践为表现对象，创造思想精深、艺术精湛、形式新颖的文艺作品，打造工艺精巧、造型精美、制作精良的造物产品。

中国当代文化创造不但要出精品、出品牌，还要出思潮、出流派，形成具有世界影响力的中国艺术思潮和设计流派。现代以来，欧美产生了一批明显有别于古典艺术传统的现代艺术国际大师，毕加索、马蒂斯等立体派、后现代主义和野兽派大师的绘画，以全新视角和艺术手法观察和表现世界，形成流派纷呈的现代主义艺术思潮，对现代艺术发展产生深远影响。

近代以来，中国艺术开启了现代化进程，产生一批有影响力的艺术家，如齐白石、张大千、徐悲鸿、吴冠中等，他们总体上还是延续着中国绘画传统。在超越传统的现当代艺术方面缺乏具有国际影响力的艺术大师。因此，文化创造不能仅仅将思维和视野局限在传统的现代化转化上，而是要突破传统与现代融合的思维阈限，推动当代艺术和设计创新，创造属于中国的当代艺术语言。

20世纪末，在发达国家萌发的文化创意产业，近年来在世界各地掀起新的浪潮。尤其是2008年全球金融危机爆发后，文化创意产业异军突起，成为走出危机的先导产业，其战略地位进一步提升，受到各国政府、企业的重视和追捧。大力发展文化创意产业已经成为各国和地区在国际竞争中获得优势的新举措。文化创意产业蕴含文化、经济、社会等层面的丰富内容，经过10多年的发展和实践，文化创意已经不局限于产业层面，而是与区域发展有机融合，向经济价值与社会价值并重的方向推进。

促进经济创新。在知识经济背景下，文化创意不仅是走出危机的先导产业，更是经济实现加快发展的新战略，而且已成为改变世界的重要力量。文化创意产业属于创新型业态，是依靠人的智慧、技能和天赋，借助高科技对文化资源进行创造与提升，通过知识产权的开发和运用，产生出高附加值产品，具有创造财富和就业潜力的产业，对加快经济创新具有积极的促进意义。

在2008年全球金融危机中，文化创意产业成为经济寒冬中的一股暖流。

结　语

当各地经济出现负增长时，创意产业却呈现出良好的发展态势，许多地方创意产业增速普遍高于当地经济增幅。在后危机时代，各国经济为应对危机，促进经济复苏，把发展文化创意产业作为推进创新和调整产业结构的重点领域，引领经济复苏的新战略。比如美国经济中心纽约在金融危机前，以金融（Finance）、保险（Insurance）和房地产（Real Estate），即"FIRE"为支柱产业，2005 年上半年 FIRE 产业占纽约所有产业中工资支出的 84%。金融危机爆发后，纽约吸取教训，转向大力发展以智力（Intellectual）、文化（Cultural）和教育（Educational）为代表的"ICE"产业。目前，美国整体经济从"FIRE"转向"ICE"，后者也包括信息（Information）、创意（Creative）、能源和环境（Energy & Environment）等领域。

纵观世界经济发展的实践，不难发现，在知识经济背景下，文化创意不仅是走出危机的先导产业，更是经济实现加快发展的新战略，并且已成为改变世界的重要力量。任何一场经济危机发生之后，都需要由创新带来突破，由发现新市场战胜困难。20 世纪 30 年代经济大萧条，工业领域率先突破、力挽狂澜；1998 年东南亚金融危机爆发，IT 和内容产业异军突起，逆转经济的下滑；2008 年金融危机，文化创意产业逆势崛起，不但化危为机，成为促进区域经济增长的创新战略，也为我国开启了一条走向创新的发展之路。

经过 40 多年的改革开放和发展，中国成为世界制造业大国，但在"中国制造"的盛名之下要清醒地认识到低端制造模式的不可持续性。目前，我国正面临劳动力成本上升、人民币升值、环境资源有限等瓶颈的约束，中国传统制造业正面临一场转型和升级的严峻考验。我国要在国际产业竞争中立于不败之地，必须改变"中国制造"之困境，打造"中国创造"之品牌，加快实现从制造到创造的新跨越。

从文化创意产业功能来看，文化创意是促进产业转型的重要途径。文化创意产业倡导开发人类创造力、解放文化生产力、提升产业竞争力、增强国家软实力，强调创意和创新，强调把文化、技术、产品和市场有机结合起来，不仅能够为人们提供文化含量较高的产品和服务，满足人们的精神需求，形成新的消费市场，更重要的是可以和其他产业融合发展，促进产业创新和结构优化，有效推动中国经济转型和经济创新。

从文化创意产业的发展实践来看，我国通过文化创意的发展，产业转型取得良好的成效。比如香港特区政府为优化经济结构，全力支持创意产业，目前创意产业已成为香港快速增长的产业之一。以设计产业为例，2005 年到

◎始于文，忠于创　文化创意的术与道

2010年，设计产业对香港本地生产总值的贡献增加近3倍，同期就业人数增加1/4。

随着人们生活水平的不断提高，消费者不再满足于商品本身的使用价值，而更关注商品中的观念价值，即被注入的文化要素。文化创意产业正是通过观念、感情和品位的传达，赋予传统意义的商品某种独特的"象征意义"，提升其文化附加值，从而满足人们的精神需求和个性化消费，并加快促进消费增长。

发展文化创意产业是创造一种新型的生活方式，在促进消费的同时，有利于提升生活品质。比如我国台湾文化创意产业发展初期，强调要通过发展创意生活产业，提升人们的生活品质，提倡"把生意做成文化"，创造出具有文化品位和情调的创意生活方式，不仅满足人们的个性化消费需求，还在精致农业、休闲生活等领域积极与大陆合作，拓展产业消费的市场空间。

推动文化创新。文化创意精品的传播影响远大于说教式宣传，优秀的创意产品不仅可以传播和普及文化知识，而且会潜移默化地影响人们的思想观念、价值判断和道德情操。只有提升创意转化力，才能将资源优势转为经济优势，并借势扩大中华文化的影响力。

随着现代化进程的加快，许多传统文化濒临灭绝，而文化创意产业利用高科技和多媒体等创新手段，将传统文化中的精髓延续下来，既有效传承，又在内容或形式上有所创新。中华文化是中华民族共同的情感记忆、精神遗产，发展文化创意产业，有利于推动我国文化创新力、文化影响力和文化吸引力的整体提升。

中华文化创新力的提升是基于对传统优秀文化的创新性传承、对外来先进文化的包容性吸收，以及对历史文化资源的创意性转化。传统文化只有在创新中传承，才能得到发扬光大。我国发展文化创意产业，可以促进中华文化的创新创意性发展，是对中华传统文化赋予现代阐释，使其在服务当代人的文化精神需求中焕发出新的生命力。

发展文化创意产业不仅需要增添新的内容，而且需要对异质文化吸收和融合，这种融合性不仅体现在产业运作上，还体现在对文化内容和形式的重新编码和整合上，有利于推动中华文化的价值创新，进一步优化中华文化基因。为此，人们应以包容和开放的胸怀吸纳和借鉴其他民族的先进文化，扩大国际文化创意交流，从而拓展创意空间、提升创新能力。

中华文化是一个巨大的财富宝库，只有提升创意转化力，才能将资源优势转为经济优势，从而扩大中华文化影响力，其中的关键环节是对历史文化资源的创意性转化。比如《花木兰》《功夫熊猫》中的人物、动物，原本是中国特有的文化和生物资源，但被创造力强大的美国好莱坞所开发和利用，成为美国人获取财富的资源。给人们的启发是，文化创意精品的传播影响远大于说教式宣传。优秀的创意产品不仅可以传播和普及文化知识，而且会潜移默化地影响人们的思想观念、价值判断和道德情操。

如何增强中华文化的吸引力，展示其独特魅力，为此需要借助现代高新科技成果，大力发展文化创意产业，推进文化交流和传播手段的升级换代，改造传统文化的生产经营和传播模式，促进传统艺术样式的升级换代。例如，传统舞台美术与多媒体技术结合形成的视觉效果，使人目不暇接，由此创新形成的实景文化旅游演艺节目吸引了众多游人。以有"上海演艺产业名片"之称的《时空之旅》为例，自2005年9月首演至今，天天上演，演出场次近2000场，票房过亿元，其成功之处是在传统杂技基础上，运用多媒体声光技术，融合现代音乐舞蹈，并打造出"秀一个上海给世界看"的主题，巧妙融合各项艺术元素，营造出绚丽的多媒体效果，实现"艺术与技术共融，传统与现代对接"，让人震撼于现代高科技和文化结合的魅力。

文化创意产业通过美学符号的诠释，既塑造区域文化的个性，也增强城市的文化吸引力。文化创意产业与旧城区改造形成有机互动，有利于历史文化遗产的保护和城市文化品位的提升。一方面，通过保留具有历史文化价值的建筑，可以避免城市文脉的中断，使历史与未来、传统与现代、东方与西洋、经典与流行交叉融合，为城市增添历史与现代交融的文化景观，给人以城市的繁华感、文化底蕴的厚重感和时代的生机感；另一方面，孕育新的产业业态，避免产业空心化，对城市经济的更新和持续发展，以及就业率的提高等产生推动作用。例如，上海目前近100个创意产业集聚区中，有2/3是由20世纪中期上海工业大发展时建造的厂房、仓库改造而成，比如M50、8号桥、田子坊、红坊等。又如被列入"世界文化遗产名录"的澳门历史城区，保存了百年中西文化交流的历史精髓，展示出独特的文化魅力，而中国澳门特区的望德堂区仁慈堂婆仔屋经重新改造，也成为创意产业区。这些文化创意空间将为澳门吸引更多游客。

加深交流合作。发展文化创意产业不仅能共享共赢，还将加深区域间的交流合作，大大增进文化认同，增强民族凝聚力，共同为我国人民谋福祉，为中华民族谋复兴。

◎始于文，忠于创　文化创意的术与道

迄今为止，我国已经举办七届"两岸经贸文化论坛"，一直将经济和文化作为重要研讨议题，到现在已经获得100多项共同结论和共识，为文化、交通、旅游、金融等方面提供更多的双赢的机会。在第七届论坛上形成的"共同建议"中，把加快文化创意产业发展列为重要合作内容，提出继续推动两岸文化产业交流与合作。扩大两岸出版物贸易、版权贸易及影视业合作，加强技术合作与项目合作，共同开拓海外华文市场，增强中华文化的国际传播力和影响力。拓展交流合作管道，加强业务往来和沟通协调，并探讨市场准入与通路问题，增强两岸文化产业实力。在合作共识基础上，近年来台湾和大陆的许多城市建立了文化创意产业项目的合作关系，不仅满足中国台湾的投资需求，还将台湾的美食文化、声光数字、动漫世界、时尚品牌、游艺购物向大陆推广，从而推动海峡两岸的文化交流，进一步促进和平发展。又如香港特别行政区资讯丰富，高新技术的研究能力处于世界一流水平，许多香港高科技企业将厂址迁移至营运成本较低的内地，并以内地著名高校的人力资源为强大后盾，促进自身发展。

文化是中华民族血脉相连的纽带，如果说经济合作像手携手，文化交流就是心连心，文化创意产业融合经济和文化，其发展必将进一步促进中华民族的文化认同，增强中华民族的凝聚力。

利用中华文化元素和价值理念发展文化创意产业，既能够使大中华区以鲜明的文化特征区别于世界其他地区，又能增强区内中华儿女的文化认同感。例如，香港出品的汉语卡通动画片《麦兜响当当》，以麦兜母子俩的经历为线索，幽默风趣地反映香港人北上的辛酸。片中折射出公正、至诚、仁爱、孝悌、信义等儒家价值理念，因为我国观众对儒家价值理念的认同感，使得该片广受欢迎，无形中增强了中华民族的凝聚力。

从文化层面看，我国发展文化创意产业能加深彼此间文化的认同与合作。比如"和"文化是中华文化的精髓，通过"和谐""和睦""和美""和顺""和悦"等创意发展，既可以加深中华民族的血肉联系，也有助于中华文化精神的弘扬和传承。从产业层面看，发展文化创意产业能够开辟中华民族共同创造和积累财富的新路径，提升中华民族整体经济实力，增强我国的国际竞争力。比如北京深厚的文化积淀、良好的文化氛围，吸引一大批中国台湾文化创意人士驻扎，从事与文化创意相关的产业。文化研究与交流中心落户杭州西溪创意产业园，"妈祖文化旅游圈"项目启动，"海峡两岸文化产业园""两岸艺术品交易中心"也在厦门建设，等等，均有利于各方发挥各自优势，形成具有互补效应的中华文化创意产业体系。

提升国际形象。发展文化创意产业，在国际市场上营销"中华牌"文化创意产品，不仅能够提升我国的制造业和产品附加值，还能够输出中华文化品牌，形成持续的区域竞争优势。我国拥有积淀五千年的历史文化资源。通过发展文化创意产业，一方面可以挖掘和整合本土文化资源，推陈出新，将丰富多彩的中华文化资源宝库活化为财富金矿和精神乐园，造福中华民族；另一方面可以通过树立良好的国际文化形象，将丰厚的中华文化遗产转化为世界人民共享的精神财富，在推进世界文明进程中发挥应有作用，贡献应有力量。

文化创意产业的发展有助于人们以全球的视角、时代的眼光、创意的手段演绎我国的国际形象，围绕中华文化的核心价值，用世界语言叙述中国故事，用创意建立起鲜明的中华文化形象识别体系，包括理念识别（Mind Identity）、行为识别（Behavior Identity）和视觉识别（Visual Identity），实现中华文化形象的创新发展，提升中华文化的国际认知度和认同度。

当前，全球范围的产业结构、生产方式与国际分工面临大调整、大变革，围绕市场、资源、人才、技术、标准等方面的竞争更加激烈，文化日渐成为提升区域软实力、获取竞争优势的关键要素。法国学者马特尔说过一句话：世界文化大战已经爆发，各大国之间为了国家利益已然不再动用传统意义上的军事手段，而是通过电影、电视、流行音乐、时尚服饰、餐饮、媒体等各种文化创意产业手段展开博弈和竞争。比如美国通过销售好莱坞大片、百老汇歌剧、NBA篮球，以及星巴克、麦当劳、可口可乐等传播美国文化和价值观。因此，我国发展文化创意产业，在国际市场上营销"中华牌"文化创意产品，不仅能够提升本区制造业和产品附加值，在全球产业分工体系中占据优势地位，其意义还在于能够输出中华文化品牌，形成持续的区域竞争优势。必须强调的是，在现代经济发展中，品牌已经成为一种战略性资源，企业和产品在市场上的竞争，实质上是所体现的品牌文化之间的竞争，品牌正在主导世界财富的分配。我国是文化资源大国，但还不是文化品牌大国，对此应有足够的重视和义不容辞的责任，以创新的态度，加快发展文化创意产业，创造具有中华文化内涵的世界级品牌产品，在引领消费的同时，传播中华文化。

需要指出的是，创意人才也是一个国家和地区国际文化形象体系中的重要标识。比如美国苹果公司前CEO乔布斯、脸书创始人扎克伯格等，都已成为美国国家创新文化的形象符号，其国际影响力和号召力巨大，在他们的背后已经形成了消费忠诚度高的"粉丝群"。因此,鼓励创新创意企业发展,培育和推广我国的"乔布斯式"人才,才是提升中华文化国际影响力的有效举措之一。除了重视推广上游的创新创意专业人才,还要注重发展下游的策划、咨询、中介、营销等创新创意服务人才,只有形成完整的文化创新创意产业人才链,才能有效加快实现中华文化创意产品走向国际市场,才能为中华文化创新创意人才集聚起"国际粉丝"。

一、文化 IP 引领消费新模式

清华大学文化经济研究院于2019年发布的《新文创消费趋势报告》显示,"90后"年轻人已成为"新文创"消费的主力军。"新文创"时代下的消费人群反对商业化与大众化,偏好隐秘、小众、私人化的品牌及消费,愿意消费精神产品,并自己赋予意义与解读。消费者的消费观由传统的量入为出、注重实用,发展为更关注精神层次的个性化与多样化。随着数字技术日益成熟,大数据、人工智能、云计算等数字技术使新文创时代文化 IP 的表现内容与形式呈现出多元化、多层次特点,不断满足并创造大众个性化消费需求。通过推动线上、线下文化消费的双向互动与融合共生,形成更大范围、更立体的文化推广,促进整个文化 IP 产业在商业化、产业化、场景化、生活化等方面的消费升级。例如,基于互联网和数字化技术的新兴"云端"文化新业态,使各互联网视频平台纷纷联合线下文化机构推出"云演出""云展览""云直播"等新型文化消费服务场景,包括博物馆、美术馆、大剧院、图书馆等公益文化场所,通过数字化平台突破时间、空间、形态的局限性,开启消费新模式。

二、文化 IP 重塑商业开发新模式

"新文创"以文化内核支撑产业链,通过更广泛的主体连接打通相关产业之间的壁垒,以"文化+产业"的全新生产方式,重构文化 IP 商业开发模式,打造文化 IP 商业价值新形态。"新文创"的出现使文化产业开始重新界定旧有的商业模式,使传统产业借助社群、数字化平台、多元场景融合以及跨界联合等商业模式,对文化元素重新整合、策划、包装,通过创意设计提高 IP 的文化辨识度和市场认同,从而推动经济增长,激发消费活力。

以实体书店这一产业为例，2020年中国书店大会显示，2019年我国实体书店的市场规模呈现负增长，溯其原因主要是实体书店的传统经营模式与固有的物理空间不适应数字化产品与服务发展趋势，并且公共文化服务职能基本丧失。在大部分线下书店集体呈现颓势的局面下，"言几又"这一文化IP品牌却将传统书店衍生成一个生活方式的互动体验店，进而成为全域文化空间。通过多元场景营造充满文化韵味与温情的场景模式，为人与物建造情感连接，向消费者传达一种人文理念与情感体验，从真正意义上完成"书店"到"全域文化空间"的转变，并将自己成功塑造成超级文化IP。由此，"新文创"时代通过文化与产业互相赋能，以此创造出具有文化与经济双重效应的商业发展新模式。

三、文化IP赋能科技创造社会新价值

"新文创"旨在不断打造具有影响力的中国传统文化符号，通过倡导文化与科技的融合创新，文化价值与产业价值相互赋能，引导社会价值观走向，创造社会新价值。人工智能技术、虚拟现实技术以及数字化技术的出现，打破传统文化IP与新兴文化IP之间的技术壁垒，加速文化IP产业的数字化进程，拓展全方位的增值渠道，缓解和改变诸多传统文化IP面临的创新难、保护传承难、无法适应当下的社会文化环境等困境。

例如，2018年，腾讯公司与敦煌研究院合作的"数字文保解决方案"和"数字供养人"计划，运用现代数字科技保护敦煌壁画，提高壁画修复、还原效率。2020年，腾讯公司与敦煌合作出品的"敦煌动画剧"，用新技术重塑文化遗产的保护与展示方式。此外，"新文创"通过赋能科技打造地域城市文化IP，拉动城市文化产业发展，塑造社会新价值。

例如，广州羊城新八景之一的"科城锦绣"，通过多元产业融合，打造集科技、生活美学、文化印象等情景体验于一体的生活空间，创新展现新黄埔的城市精神和文化意象。此外，西安"大唐不夜城"、苏州"姑苏八点半"以及成都"三城三都"，也通过诸如数字虚拟影像、声光电等"文化+科技"的融合发展模式，促使城市文化内容突破历史维度与空间场域限制，进一步符合年轻人的审美需求，重塑不同城市独有的文化IP品牌形象，带动地域文化旅游产业多元化可持续发展。

参考文献

[1] 古德曼. 洞察用户体验：方法与实践 [M]. 北京：清华大学出版社，2015.

[2] 唐纳德·诺曼. 设计心理学 [M]. 北京：中信出版社，2010.

[3] 约翰·沃瑞劳. 用户思维 [M]. 北京：中国友谊出版公司，2015.

[4] 川口盛之助. 鲜为人知的日本软实力 [M]. 上海：上海远东出版社，2018.

[5] 博日吉汗卓娜. 我迷故我在：日本动漫御宅族生活方式研究 [M]. 北京：中国社会科学出版社，2019.

[6] 陈格雷. 超级IP孵化原理 [M]. 北京：机械工业出版社，2020.

[7] 陈辉，李罡. 红色旅游产品设计对促进老区经济发展的研究 [J]. 大舞台，2013（2）.

[8] 陈仲庚. 中西文化比较 [M]. 广州：羊城晚报出版社，2015.

[9] 代小艳. 日本动漫产业与文化研究 [M]. 吉林：延边大学出版社，2010.

[10] 丹·艾瑞里. 怪诞行为学 [M]. 北京：中信出版社，2019.

[11] 董书羽. 西柏坡红色旅游文创产品设计研究 [D]. 北京：北京印刷学院，2019.

[12] 费芸. 基于重庆红色文化的文创产品的设计与探索——以"红岩情"印章的设计实践为例 [J]. 风景名胜，2019（11）.

[13] 龚贤. 中国传统文化概论 [M]. 北京：世界图书出版公司，2013.

[14] 胡乃瑄. 北京红色文化旅游形象与文创产品设计研究 [D]. 北京：北京印刷学院，2019.

[15] 井康琦. 浅谈情感设计在数字文创交互产品中的运用 [J]. 西部皮革，2021，43（14）.

[16] 凯西·赛拉. 用户思维+：好产品让用户为自己尖叫 [M]. 北京：人民邮电出版社，2017.

[17] 康信辉，王茜，晏敏. 南昌文化基因在红色文化创意产品设计中的

应用 [J]. 工业设计，2020（9）.

[18] 李江泳，谭琪茜，邱盼，等. 基于心流理论的文创产品交互设计研究 [J]. 包装工程，2020，41（18）.

[19] 李莉，魏乐. 文创课：文创运营的方法技巧雷区与化解 [M]. 石家庄：河北教育出版社，2010.

[20] 李伟. 爆款 IP 打造与运营：内容创作 + 吸粉技巧 + 赢利模式 [M]. 北京：化学工业出版社，2019.

[21] 刘梦溪. 中国现代学术经典. 梁漱溟卷 [M]. 河北：河北教育出版社，1996.

[22] 刘媛媛. 博物馆红色旅游文创产品发展路径探讨 [J]. 当代旅游，2020，18（34）.

[23] 刘跃军. 动画角色品牌运营 [M]. 北京：北京师范大学出版社，2009.

[24] 刘赟，周爽. 文化创意产业现状综述 [J]. 全国流通经济，2020（27）.

[25] 刘祖云，张诚. 重构乡村共同体：乡村振兴的现实路径 [J]. 甘肃社会科学，2018（4）.

[26] 卢涛，李玲. 文化创意产业基础 [M]. 武汉：武汉大学出版社，2014.

[27] 马丁. 黑龙江省博物馆文创产品运营研究 [D]. 哈尔滨：哈尔滨音乐学院，2021.

[28] 莫于茜茜. 江西省红色旅游纪念品的设计创新研究 [D]. 南昌：南昌大学，2014.

[29] 饶宇堃. 古典文学《楚辞·九歌》角色的文创 IP 形象设计 [D]. 武汉：湖北工业大学，2021.

[30] 任芮瑶. 文创，让产品与产业再度升级 [J]. 传播力研究，2019，3（29）.

[31] 孙雷，隋立民. 中国特色社会主义文化自信发展与养成研究 [J]. 东北大学学报（社会科学版），2020（6）.

[32] 泰勒. 原始文化 [M]. 上海：上海文艺出版社，1992.

[33] 田青. 田青文集：第 4 卷 非遗保护与"原生态"上 [M]. 北京：文化艺术出版社，2018.

[34] 屠泳博，陈萍. 文化基因视角下常州运河沿岸工业遗产保护与传承更新 [J]. 产业与科技论坛，2021，20（13）.

[35] 王强. 基于地域特色的红色旅游纪念品创新设计研究[D]. 长沙：湖南师范大学, 2017.

[36] 王晓予. 中原地域文化元素的创新设计案例研究[J]. 装饰, 2020（5）.

[37] 魏晓英. 红色旅游纪念品的开发与设计[D]. 保定：河北大学, 2007.

[38] 吴明. 重庆红色旅游资源开发利用研究[D]. 湘潭：湘潭大学, 2012.

[39] 肖瀚泽, 包德福, 杨静楠. 基于山水文化意象的智能交互产品设计研究[J]. 设计, 2021, 34（19）.

[40] 谢一槐. 湖南红色文化符号在产品设计中的解读[J]. 文化创意比较研究, 2018, 2（19）.

[41] 辛向阳. 从用户体验到体验设计[J]. 包装工程, 2019, 40（8）.

[42] 许守飞. 沂蒙山红色旅游纪念品的设计开发与研究[D]. 武汉：中南民族大学, 2011.

[43] 杨纯. 文化自信视角下文创产品文化来源的探索研究[J]. 美与时代（上）, 2021（3）.

[44] 尹恒. 图形创意在文创产品中的应用与创新研究[J]. 轻纺工业与技术, 2021, 50（4）.

[45] 赵海英. 文化基因研究缘起、进展与未来研究思考综述[J]. 中国传媒大学学报（自然科学版）, 2021, 28（5）.

[46] 赵婉茹. 基于互联网产品的用户体验要素研究[D]. 无锡：江南大学, 2015.

[47] 郑霖. 基于再造设计方法的重庆博物馆文创产品设计[D]. 重庆：重庆大学, 2019.

[48] 郑青青. 消费时代中国特色文创产品的审美研究[D]. 昆明：云南师范大学, 2020.

[49] 郑妍欣, 陈纯, 黄希. 基于广州红色文化基因的文化创意形象设计[J]. 工业设计, 2021（8）.

[50] 中共成都市委党史研究室. 成渝携手打造红色旅游"双城联线"[J]. 红岩春秋, 2020（07）.

[51] 钟蕾, 李杨. 文化创意与旅游产品设计[M]. 北京：建筑工业出版社, 2015.

[52] 周承君，何章强，袁诗群. 汇设计丛书——文创产品设计 [M]. 北京：化学工业出版社，2019.

[53] 朱明轩. 苏州乡村江南文化的文旅融合探析 [J]. 江南论坛，2021（12）.

[54] 朱鹏程，李红波. 基于村民感知的江南乡村意象研究 [J]. 湖北农业科学，2017（15）.

[55] 朱世蓉. 以"全城乡村旅游"理念整合农村产业结构的构想 [J]. 农业经济，2015（6）.